환상무도회

河淨 하현옥 시집

세종출판사

하늘새 시낭송 · 행위예술

서문

내게 문학과 음악, 그림, 예술이 있었기에
내성적 성격이 세상 속 이방인 같은 외로움과
슬픔을 혼자서도 묵묵히 달래면서
살아갈 수 있었다.
2005년에 교통사고로 몸을 다쳐서 수술 받은 후에는
오랫동안 다리를 잘 쓸 수 없는 아픔이 컸다.
그때 어느 지인의 소개로 대전에서 실시하는 전국
시낭송대회에 참가할 수 있었고, 우리는 문인들
몇 명이 부산에서 기차를 타고 같이 갔다.
2006년 6.25. 대전 엑스포장에서 실시한
제1회 전국창작육성시낭송대회에서
예선에 통과한 70명 실력 있는 참가자들 중에서
나는 〈꿈꾸는 여자〉 자작시로 금상을 수상하게 되는
행운을 안았다. 무대에 서는 순간에도 왼쪽다리의
불편으로 비틀거리면서 휘청 넘어질 뻔하기도 했었다.
56번 내 차례가 되어 원고를 곁에 두고 혼신을 다해서
시낭송 했는데 그때 내 혼은 허공을 날고 있었다.
20분의 심사위원들 중에서, 대전방송국 중견 여성
아나운서인 심사자중 한 분이 심사 결정 후에 내게
오셔서, 내 시낭송이 영혼의 울림과 감동이 있었다고
처음 보는 내게 미소로 칭찬해주셨다.
성우를 해도 되겠다면서.

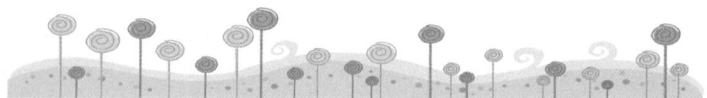

그날 시낭송가 인증서와 상금, 트로피, 녹음한
CD도 선물로 받았다. 신체가 불편했던 내게 좋은
희망과 꿈을 안겨주신 분을 생각한다.
뒤에서 영향력을 행사하신 분은 나의 수호신이
아니었을까. 곱게 차려입고 비장한 각오로 무대에
서는 즐거움을 알게 해주셨다.
여러 문사님과 선배들의 도움이 있었다.
정의로움과 바른 세상을 염원하는 내가 세상에
전하고 싶은 메시지를 맘껏 행위예술 메아리로
전하자고 생각했다.
양산 도립노인요양병원에서 한 달에 두 번씩 시낭송
하면서 환자 노인들을 위로하고 내 몸도 빨리 회복
되었다. 전국의 큰 시낭송 대회에 참가하기도 했다.
여행지에서 외국인들이 하늘새를 알아보고 미소로
인사했다. 인터넷 덕분이다.
내가 행위예술을 할 수 있도록 주변에서 많은 분들이
도움을 주셨다. 사극 위인 분장 옷을 밤새워 내 손
으로 만들어 입기도 했고, 구제옷 가게를 돌면서 여러
분장에 맞는 옷과 장신구들을 찾아다녔다.
내 열정이 나를 살게 했다.
하나를 잃어버리면 또 다른 것을 얻게 된다는 오묘한
이치를 깨우쳤다. 인생은 행과 불행이 반반씩이다.

2024년 1월에

河 淨 현옥 (하늘새)

■ 차례

1. 극락조

인어의 꿈 · 15
꿈꾸는 여자 · 16
그것은 말씀이었다 · 18
나의 겨울 · 20
극락조 · 21
태극기 · 22
보라색 꿈 · 24
딸의 그림 · 26
그때 왜 그랬을까 · 28
무인도 · 30
빈손이 행복하여라 · 32
여름날 분수에서 · 34

봄 비 · 36
새가 되고 싶었던 조선 여인들 · 38
눈싸움 · 40
나비야 청산 가자 · 43
무대 위의 어릿광대 · 44
여름밤 바닷가의 초상 · 46
우포늪에서 · 48
해바라기 · 50
민들레와 해바라기 · 52
나의 뜰 · 54
인어동상 · 55
풍 경 · 56

―――――― 하현옥 시낭송집 ――

2. 나는 요정이고 싶다

여로旅路 · 57
첫 눈. 1 · 58
첫 눈. 2 · 60
잉어의 잠 · 61
아름다운 생동 · 62
환상 무도회 · 64
물망초 · 66
채식주의자 · 67
숲은 청정한데 · 68
가을단상 · 70
청 수 · 71
생 명 · 72

비와 여인 · 74
안개 속으로 · 76
겨울 숲에서 · 78
나는 요정이고 싶다 · 80
열일곱 살 소녀 · 82
인디언의 노래 · 84
생명의 노래·1 · 86
생명의 노래·2 87
다대포에서 · 88
미꾸라지와 고등어 · 90
가난한 기도 · 92
그들의 눈물 · 94
수정비둘기 · 96

차례

3. 겨울 역전 풍경

詩를 위한 변명 · 98
늪 · 100
부뚜막의 소금도 · 102
건축공사 · 103
시계소리 · 104
새벽길에서 · 106
겨울 역전 풍경 · 108
낙엽의 미소 · 111
천수천안 부처님 · 112
부처님, 우리 부처님 · 113
촌부의 미소 · 115
불火 속의 등신불 · 116

세상을 모니터하다 · 118
겨울 길 위에 서서 · 120
바람소리 · 123
옷가게 여사장은 참 이상해 · 126
아버지의 약손 · 129
아들이 있었기에 · 133
사랑은 강물처럼 · 137
낙 엽 · 140
바다와 비둘기 · 143
새벽일기 · 146
폭풍우 속에 핀 고행꽃 · 149

―――――― 하현옥 시낭송집 ――

4. 불타는 지구

겨울여행 · 155
어머니 · 158
아버지의 눈물 · 163
불타는 지구 · 170
아름다운 사람들 · 172
체 질 · 174
이성호 박사님 · 176
천사들이 있기에 · 179
지구의 변화 · 180
불사조 · 182
원고 도둑 · 184
까마귀의 노래 · 186
검은 호랑이해 · 188

5. 애국자의 혼

내가 죽고서 네가 산다면 · 189
맑은 영혼 뜨거운 애국 · 192
영혼의 지기 - 제갈공명 · 197
춘향이 아름다운 것은 · 200
흰나비혼 아랑낭자를 추모하며 · 203

후기 · 207
연감사진 · 208
저자 약력 · 209

낭송시

인어의 꿈

인어는 비를 기다리지
굳은 꼬리 녹이지 못해
바다로 갈 수 없는 인어 동상은
달빛 불러 모아 몸을 적시지
별빛 푸른 밤에도 이슬이 내려
건조한 아미 비로 적시면
인어는 목청 틔어 노래 부르지
―가고 싶어라, 해원을 향하여

햇살 한웅큼에 피는 꽃무리
하늬바람 금빛 노을 다 준대도 나는 싫어
건조한 피부는 고통이야

비 내리는 날이면 일어서는 피톨들
인어는 살아서 바다로 가지
먼 곳에서 부르는 님의 노래 따라서
날개 달고 고향바다 헤엄쳐 가지.

대전엑스포 전국창작육성시 낭송대회 금상 작품

꿈꾸는 여자

하루에 한 번씩 꿈꾼다
삶이 권태로울 때
슬픔이 목안 가득 차오를 때
잘못한 일도 없이
사람 사이에서 상처 받았을 때

손을 뻗어도 곁에 아무도 없이
외로움만 덩그러니 공간을 채울 때
가만히 눈을 감고 꿈을 청한다

아득한 중국대륙 들판을
달리는 말발굽소리
워워워-
싱그러운 젊음이 넘쳐나고
페르시아 여왕이 화사하게 웃고 있다

혼돈의 세상에서
나라가 어디로 가고 있는지
푸른 희망은 어디쯤 오고 있는지
블랙홀처럼 빙글빙글 어지럽고
미지수일 때
역사 속 위인들과 애국지사들을
꿈속에서 하나 하나 불러본다

든든한 이름 가슴에 새기며
닮은 사람 주변에 있지 않을까
눈 크게 뜨고 찾아 나선다

진실한 사람, 진실한 사랑이 그리울 때
저 먼 신라의 선덕여왕과
외골수 남자 지귀를 불러본다
미소로 그려지는 얼굴들
천상 낙원도 꿈속에서는 멀지 않아

그 여자, 오늘도 꿈꾼다네
맑고 밝고 사과꽃 향기로운
아름다운 세상을.

그것은 말씀이었다

한겨울 차가운 지하도 계단에
엎드린 사람을 본다
12월이면 거리에서 딸랑딸랑 자선냄비들
종을 울리고 마음이 따뜻한 사람들
그 앞에서 발길 멈춘다
부모 따라 밖에 나온 어린이
고사리 손도 적선에 한 몫 한다
부모가 하는 대로 배우는 푸른 희망 나무
옛날부터 이어온 이 땅의 미덕美德

부엌데기처럼 일하던 콩쥐가 왕자를 만난 것도
심봉사 아버지를 위해 인당수 바닷물에 몸을 던지며
목숨을 판 심청이가 거짓말처럼 왕비가 된 것도
극과 극의 만남, 예견된 운명이었다

선덕여왕이 잠자는 거지 지귀에게 준
금팔찌, 그것은 말씀이었다
거지가 감히 여왕을 사랑하다니
괘씸죄로 무섭게 다스리지 않고
어머니처럼 남루한 거지를 품에 안았다

여왕이 절에 불공드리러 가던 날
선덕여왕이 그 절에 온다는 소문에
"나는 여왕을 은애한다" 큰소리치며
절 문 앞에서 여왕의 출현을 기다리다가
부신 햇살에 노곤하게 잠이 든 지귀 앞에
존엄한 임금의 거룩한 손이
당신의 금팔찌를 풀어서 놓아준
그것은 말씀이었다

높은 자는 낮은 자를 배려하라
가진 자는 가난한 자와 나누어라
지도자는 힘들게 사는 백성을 궁휼히 여겨라
정책에서 서민들을 우선하라
아무리 강조해도 지나치지 않는
이 지구상 어느 지도자라도
새겨들어야 할 덕목,
실천해야 할 덕목

선덕善德이란 여왕보살이 나타나
하늘을 대신하여 몸으로 보여준
그것은 말씀이었다
인생의 겨울을 맞은 고달픈 사람들을
오늘도 여왕의 손길이 어루만지고 있다.

나의 겨울

섣달 열사흘 밤
겨울에 태어난 나는
겨울을 좋아했다
바람 부는 날
겨울바다를 사랑했다

황량한 들판
아무것도 갖지 않은
빈손으로 서서
고독과 눈물을 사랑했다
그래서인지 내 인생은
언제나 바람이 불고
폭풍우 휘몰아치는
날들이 많았다

언 손을 녹여
詩를 쓰고 싶어했다
빈 가슴 채울 뜨거운 사랑
그것을 찾아 헤매었다.

극락조

극락으로 오르고 싶었던 새가 있었네
이승에서 천 가지 아름다운 선행을 쌓아야만
열리는 육중한 하늘 石門
긴 세월 동안 수많은 시험들 통과한 뒤
무거운 바위문 비로소 열렸지만
병들고 지친 가엾은 새 뒤따라와서
함께 가게 해달라 애원했네
눈물로 뒤돌아보다가
광폭한 해일 속에 꿈을 빠트렸지
잃어버린 꿈을 두고 병든 새 버려두고
차마 홀로 극락문 들어설 수 없어
고통으로 눈물짓던 새
바위문 앞에서 그대로
굳어버렸네, 날개를 접은 채로

세월이 흘러 어느 봄날
우아하고 아름다운 꽃으로 환생한 새 극락조여
부처님 발아래서 천상의 향기 뿜네.

태극기

푸른 하늘에 가없이 휘날리는
너를 보면 왜 눈물이 나는가
빼앗긴 땅에서
남의 나라 더부살이하던 만주벌에서
너를 되찾기 위해 님들이 흘린 뜨거운 피
강물 되어 흘렀다

대한독립만세
대한독립만세

수 천 수만의 함성이
붉은 영혼을 호위하며
따라오고

세월이 흐르더니
너를 사랑하는 마음은
이제 교과서 속에서 뿐 퇴색해 가지만
혼돈의 세상에서 사람들은
국경일에도 너를 꺼내는 것을 귀찮아 하지만

"나 여기 있다!"
큰바위 얼굴 애국의 화석으로
만세 부르던 그날의 함성 사무치게 그리며
서슬 푸르게 달려온다, 물망초를 들고

사랑은 받는 만큼 주는 것
아니 아니 사랑은
먼저 손 내밀어 다가가는 것

푸른 바람 속에서 가없이 휘날리는
너를 보면 왜 눈물이 흐르는가!

보라색 꿈

외로울 때 나는 꿈꾸고 싶다
삶이 권태로울 때도 꿈꾸고 싶다
세상살이에 답답함을 느낄 때
이승의 날들이 아프게 느껴질 때
고통과 슬픔으로 눈물 흐를 때 꿈꾸고 싶다

은은한 가로등 불빛 아래
우윳빛 안개가 흐르고
그 풍경 속에 혼자 걸어가는
내 모습을 꿈꾸고 싶다
하룻밤이나마 낡은 허물을 벗고
먼 곳으로 여행을 떠나듯
이곳과는 다른 세상 구경을
하기 위해 꿈꾸고 싶다

어릴 때부터
내가 사고할 수 있는 능력이 있을 때부터
밤마다 습관처럼 꿈을 꾸었다
어린 날의 꿈동산은 아름다웠고

색깔이 고왔으며
꿈속에서 나는 마냥 행복했었다

어른이 되어 가면서
내 꿈의 색깔도 흐릿해졌다
빛깔 고운 꿈을 만나는 일이
쉽지 않았다
내 삶이 때 묻은 탓일까
잃어버린 꿈을 찾아 밤마다 헤매었지만
손안에 잡히는 건 허무와 잿빛 어둠뿐

오늘도 나는
잃어버린 꿈을 좇아 달려간다
내 꿈속 어딘가에
내가 바라는 아름다운 세상이 있으리라
언젠가는 그것과 만날 수 있으리라
꿈꾸는 일을 게을리 하지 않는다면

현실이 삭막할수록 꿈꾸고 싶다
오늘밤도 나는 보라색 꿈을 좋이 밟아가리라
한 마리 새가 되어 푸른 창공을 날아날아
광활한 초원을 넘어서
저 피안의 세계를 향해.

딸의 그림

여덟 살 딸애가 그린 그림에
회색 검정 보라색 일색
그 그림을 들고
엄마는 가슴이 내려앉는다
어린 네가 그 색들과 친하도록
엄마의 거울이 흐렸구나

빨강 파랑 노랑
그런 원색이어야 마땅할
네 천진한 나이에
어울리지 않는
고독 어둠 눈물의 색깔들

엄마는 엄마의 인생이었고
너는 여덟 살다운
맑고 밝은 인생이기를 바랐건만

크레파스 통에서 회색을
몰래 감추어도
엄마의 눈물까지
감추어지진 않는다

딸아 빨강 노랑 초록으로
내일은 빛나는 그림을 그리자
태양은 잠시 구름 속에 가렸을 뿐
사라져 간 것은 아니다

딸아, 우리 손잡고
밝은 태양을 찾아 나서자.
              (1986년 5월)

그때 왜 그랬을까
 - 하늘을 보다

땅을 보고 걷느라
하늘이 보이지 않을 때가 있었다
지하철 속에서도 건너편 사람들을
외면해야 할 때가 있었다
고장 난 수도꼭지처럼
계속 흐르는 눈물을 감추려고

사람들은 여자의 벌겋게 부은
눈을 보고
갑자기 부모 초상이라도 나서
달려가나 생각했겠지만
부모님은 멀쩡히 살아 계신데
가족들 모두 사고 없이 안전한데도
길을 걸으면서 소리 없는 눈물을
흘릴 때가 있었다

그때 왜 그랬을까?
지금 생각해보니 그때 왜 그랬을까
생각날 듯 아득한 의문부호
그때 왜 그랬을까

사람들은 즐겁게
웃으면서 길을 가는데
여자는 긴 세월 웃을 줄도 몰랐다
벙어리 되어 얘기할 줄도 몰랐다
혼자 있는 것을 좋아하고
하늘을 올려다보면 투명한
눈물이 고였다

그때 왜 그랬을까
지금은 하늘이 말갛게 보이는데.

무인도

때로는 무인도에 사는 연습을 하자
거꾸로 가는 세상에서
물구나무서기를 할 수 없을 때
비누방울처럼 물 위에서 겉돌 때
무엇이 그리도 좋은지
떼 지어 깔깔거리고 웃는 사람들 속에서
혼자 고독을 느낄 때
무인도에 사는 연습을 하자

수도자처럼 무연히 앉아서
먼 바다를 바라보며
푸른 파도가 무엇을 말하는지
바윗돌에 하얗게 부서지는 포말을 보며
말하지 않는 법을 익히고
혼자 사는 법을 익히고
자연과 대화하는 법을 익히고
파란 하늘빛에 눈동자를 씻으면서
허공에 날아가는 새를 보면서
웃음 짓고 배고프면 먹고

고단하면 잠자는 동굴 속 설인처럼
무인도에 사는 연습을 하자
세상은 나를 장님이 되라 한다
귀머거리가 되라 한다
벙어리가 되라 한다
본 것과 들은 것 하고 싶은 말을
하면 으르렁거리고
자기들이 보지 못하는 세계를 보고
못하는 일을 하고
두뇌가 빼어나면 이상하다고 한다
내쫓지 못해 안달 한다

그런 세상인 줄 왜 몰랐던가
보기 싫은 것들을 보지 않아서 좋으리라
듣고 싶지 않은 일들로 귀가 괴롭지 않고
부정한 것들로 분노하지 않아서 좋으리라
감언이설 질시 모략 암투도 잊고
입은 말하는 법을 잊어 가겠지만
뇌 속은 공기처럼 청정하게 맑아지리라
텅 빈 공간이 빛나는 것으로
가득 차게 되는 그날까지
홀로 무인도에 사는 연습을 하자.

(2011. 12. 8)

빈손이 행복하여라

어두운 터널 지난 후에 만나는 햇살
교통사고로 큰 수술 받고
삼년을 고생하다가
다리 절뚝이면서 바라보는 세상
하나를 잃은 후에 얻는 큰 선물
행복하여라

부족함이 편안함이여
빈손의 건강함이여
느림의 미학이여
보고픈 이, 정신적 스승 찾아서
느리지만 기쁘게 달려갈 수 있는

성한 몸일 때는 공기의 고마움 몰랐네
세상이 슬프다고 어둡다고 부정했지
가벼운 옷을 입고
하루에 두 끼를 먹고 살아도
행복하여라

고통을 가슴 가득 껴안았지
다 털어 버리고 보내 버리면
얻게 되는
이치를 이제 알았네
뜨거운 눈물이 거름 되어
큰 열매 맺는 줄 이제 알았네

행복하여라
빈손이 행복하여라
하늘을 바라보니 행복하여라
첫눈을 보면서 행복하여라.

(2012년 1월 13일)

여름날 분수에서
- 세상 풍경

곳곳에 쌈지공원 생겨난 분수
한여름 삼복더위 식힌다
그림처럼 솟아오르는 물줄기
꿈을 부른다

어린이들 세상 그 속에
유아를 닮은 피터팬 어른이 있다
낮잠에서 깨어난 네 살짜리 손녀
분수를 보고 멍한 표정
분수에서 노는 할미가
이리 와, 이리 와
불러도 반응이 없다

어린이는 의자에 앉아서
분수를 바라보고
예순 살 할미는

분수를 온몸으로 맞으면서
환호성을 지른다

철부지 할미는 분수에 있고
어린이는 묵직하고 늙은
노파처럼 의자에 앉아 있다
할미와 어린이가 바뀌었구나

젖은 옷이 더위를 삼키더니
갈아입을 옷도 없이 할미는
해거름에 푸르르 추위에 떨고 있다

그것 보라는 듯
영감 같은 소녀가 할머니를
보고 배시시 웃는다
세대의 자리바꿈.
            (2010년 8월 15일)

봄비

보슬보슬 봄비 속에
투명우산을 쓴 여자
쪼르르 횡단보도를 달려간다

하늘 향해 일어서는 머리카락
뇌 속 파랗게 뛰는 실핏줄이 보이고
붉은 심장도 팔딱팔딱 뛰고 있다

미소로 꿈꾸는 눈빛 속에서
건강한 신경 세포들이
실로폰처럼 맑은 음색으로
혈관 속에 노래를 흘려보내고

분수로 솟는 그리움
별사탕처럼 알알이 꿰고 있다
맑은 속내를 다 보여준다
투명한 피부 속에 비밀은 없다

여자의 꿈을 엿보려고
날아온 나비
우산을 따라 가며
노란 그림을 수놓고
버스 차창으로
내 미소도 여자를 따라 간다

바다 수면 위로 뛰어오르는
숭어처럼 푸릇푸릇한 그리움
해바라기로 밀려온다
비옷 입은 우체부가
아침에 주고 간 따뜻한 체온
느껴지는 편지처럼

투명우산을 쓰면 나도
하얗고 투명하게 맑아질 수 있을까
물안개 속에서 옥빛 바다가 출렁인다.

새가 되고 싶었던 조선 여인들

남자 같은 여자들이 거리를 누빈다
남자 옷을 입고 남자 머리 스타일
남자 이름에 와일드한 몸짓
남자처럼 소리치고 행동 한다
여성과 남성이 따로 없는 세상

무슨 몸부림일까
누구의 짓밟힌 혼백일까
구중궁궐에 꽃으로 갇혀 지내며
벙어리 귀머거리 장님으로 살아야 했던
창살 없는 감옥 속 조선 여인들

욕망대로 사는 남정네들 보면서
다음 세상에는 남자로 태어나리라
가슴 깊이 서원 세웠건만
이루지 못한 채 여자가 되어
허벅지 찢어진 청바지에 배꼽 내놓고
날라리처럼 흔들며 길을 간다

새가 되고 싶었던 여인들
지아비를 시앗과 나눠 가지며
한숨으로 높은 담을 넘고 싶었던
태산보다 더 높은 가슴속 한을
심연보다 깊었던 울분을
몇 겹의 세월 지나
우먼파워 여성상위란 이름으로
남자들 위에 군림하면서
한을 토해내고 있을까
새가 되고 싶었던 조선 여인들

맺힌 슬픔이여 고를 풀어라
갇힌 자유여 날아올라라
한 바퀴 돌고 나면 그때 그 자리
윤회란 이름으로 제자리 찾기.

눈싸움

밥상에 앉은 할아버지
마주앉은 손자놈 행동이 거슬렸다
너 눈빛이 수상하다
눈에 힘빼. 눈 내리깔아
어른 앞에서 그러는 것 아니다
아니 그래도 이놈이!
너 할애비를 눈 부릅뜨고
노려보면 어쩔 거냐?

아이 참 할아버지도…
어허! 그래도 이놈이!
삼강오륜도 몰라보고
나는 그딴 것 몰라요

아니 이제는 며느리까지
합세해서 눈 부릅뜨네
너희들 나한테 감정 있냐
할아버지는 볼이 부었다

아버님, 이거 너무 맛있어요
아버님도 한번 잡숴 보세요
상추쌈에 고등어조림을 얹어서
내미는 둥글둥글한 뭉치
내가 언제 그런 것 먹더냐

이것을 드셔 봐야 우리를
이해할 수 있을 테니까요
애교 어린 미소로 시아버지
코앞에 들이미는 며느리
에라 모르겠다
어디 한번 먹어보자

하하하…
할아버지도 눈 부릅뜨고 화내신다
하마 입으로 씹는 소리
내가 언제 눈 흘기는 할아버지
손거울을 가져다 보여주는 손자
어허! 그놈 상추가 범인이로세
그런데 진짜 맛있구나!

우리 다 같이
오늘은 눈 부릅뜨고
밥상 앞에서 눈싸움 해보자
누구 눈이 제일 큰지
누구 입이 제일 큰지

두레상에 모여 앉아
3대가 점심으로 맛있게 상추쌈을 먹는다
우적우적 입가에 피어나는 미소.

나비야 청산 가자

나비야 청산 가자
모두 잊고 청산 가자
가슴속 꿈만 기억하고
나머지는 버리고 가자
부동의 꽃에도 싱그러운 날개 솟아
그 꿈들 오색으로 수를 놓으며
꿈꾸는 자 천상에 들 수 있나니
나비야 청산 가자.

무대 위의 어릿광대

춤을 추면 행복했지
노래하면 신이 났지
빨간 코를 흔들면서
사랑 노래 불렀었지
영원히 변치 말자 약속했었지
후회해도 소용없고
애태워도 소용없는
어릿광대 서글픈 사랑

무대에 서면 신들린 듯 사는 여자
너와 내가 다르다고 유별나다 욕하지 말기
혼자 튀려 한다고 흉보지 말기
예술과 주술은 종이 한 장 차이
인생은 연극이라
우리는 고독한 어릿광대
날마다 현실에 속고 살지만
아름다운 세상 꿈꾸면서
간절한 염원 메아리로 전하네

시와 시극은 한 뿌리 예술이니
재미와 감동도 한 그릇에 담아내자
그대와 관객이 즐거우면
나도 즐거우니
눈물과 진통으로
말갛게 빚은 사리 사리들
은은한 향기로 신의 약손 되어
굽어진 척추들 바로 세우네

재물로 헌상한 육신
혼신을 다해서 뜨겁게
예술신 향해 오늘도 재를 올리네.

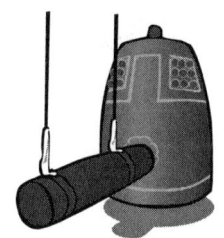

여름밤 바닷가의 초상

태양이 이글거리는 여름이면
그대 푸른 손짓으로 나를 불렀다
끝없이 밀려오는 파도 순백의 포말
가없는 수평선
바스락대는 모래알의 춤
모래알을 일으켜 세우는 바람
용궁에서는 지금 무슨 일이 벌어지고 있는지
바다 꿈속으로 달려 들어가 보고 싶었지

일몰의 시간이 되자
사람들은 썰물처럼 빠져 나갔어
바다는 금세 엄숙해지고
참으로 바다를 사랑할 줄 아는
사람들만을 통제하기 시작했어
바다는 스스로 자정自淨을 시작했지

어디선가 들려오는 피리소리
타령조의 노래가 어스름 녘
바닷가의 운치를 더하는 거였어

바닷가 상점들이 불을 밝히자
바다는 불꽃놀이를 시작하는
꿈의 궁전 같았어
네온사인 오색 등불 축제의
환호성과 환상의 나라

고독한 겨울바다만을
좋아하던 나는
여름바다의 아름다움도
존재한다는 걸 비로소 알았어
겨울바다의 유리알 같은 차가움
무거운 암영이 발산하는
침묵과는 다른 경쾌함이 거기 있었어

그 순간 검은 비로드 빛 하늘에
총총히 별이 떠오르기 시작하는 거였어
여름밤은 깊어 가는데
파도는 영영 잠들 것 같지 않고
나도 파도를 닮아
잠을 잃어버린 올빼미였어.

우포늪에서

유월 초순 저녁나절
우포늪은 적막에 잠겨들고 있었다
인적도 없는 고요한 늪을
얼마나 바라보았을까
눈 아래 수초 속에서 재두루미
한 마리가 푸드득 날아올랐다
회색으로 가라앉고 있는
늪의 아름다운 비상

새는 혼자였다
그는 왜 혼자 남았을까
무리들 속에서 왕따 당하고
쫓겨난 낙오병일까

먼 곳에 또 한 마리의
검은색 물오리가 정물처럼 떠있었다
황새가 혼자가 아닌 것을 보고
안도했다

외진 늪에 혼자 남은 새는
슬픔일 것 같아

재두루미와 검은 쇠오리
그들이 있어 늪은 잠들지 않는다
날마다 생명을 잉태한다
비밀스런 키 재기로 쑥쑥 커간다

수런대는 갈대들 소리
"누가 우리를 훔쳐보고 있다."
주위에 어둠이 깔리기 시작하자
갈대가 부스스 잠을 깨어 일어서고
춤추듯 몸을 흔들어댄다
검은 실루엣이 환상적이다

늪은 밤에 살아나서
활동을 시작한다 부엉이처럼
누운 산맥도 용처럼 꿈틀댄다
나도 새롭게 깨어나고 싶다.

해바라기

소인배들 속에 우뚝 선
너는 꽃이 아니다
하늘 가득 빛나는 태양이다

해 저문 저녁
배고픈 까마귀도 돌아간 뒤
바람이 휩쓰는 초원에서
시린 꿈이 자란다

초가집 굴뚝에서 솟는 연기
아득한 기억 속
먼 – 먼 고향의 어머니
그리움 파문 되어 여울지고

물레처럼 방아처럼 돌고 돌아서
깊이를 알 수 없는
너의 꿈이 닿는 곳은 어디쯤인가

하늘바라기 지친 고개를
받쳐주는 이 아무도 없지만
홀로 꼿꼿하여 대나무 빛 자존 세우고

밤마다 별을 보며
영롱한 사리로 빚어낸 꽃잎 꽃잎들
아기 눈동자 보석처럼 눈부시다

볼 때마다 새로운 넋
계절 끝난 뒤에도 너의 노래는
씨앗 속에 푸르게 남는다.

민들레와 해바라기

욕심이 불붙었다 인간 암투장
불자동차가 웽웽거리며 달려간다

길섶에 핀 민들레는 작아도 앙증스러웠다
솜털처럼 보드라운 씨방을 날려서
그의 꿈을 멀리멀리 전할 수도 있었다

민들레는 가당찮은 욕심이 발동했다
색깔이 비슷한 해바라기를 탐내어
뻥튀기 기계 속에 들어갔다 나왔다
이상하게 커진 몸으로
자신이 꽃밭의 왕이라면서 큰소리쳤다
욕망의 불길이 활활 타올랐다

불에는 물로 상대해 주어야지
누군가가 불자동차를 불렀다
민들레도 해바라기도 아닌 것이
세찬 물세례를 맞는다

타닥타닥 장작처럼 타오르던
욕망의 불이 꺼지고
뿌리 약한 꽃은 목이 꺾인다

물로 씻어내려도
냄새가 쉬 가시지 않는다

민들레는 민들레로 살기
백합은 백합의 향기로 살기
국화는 강인한 의지력으로 살기
난초는 고아한 품위로 살기
해바라기는 자신의 자리에서
자존심과 위치를 상실하지 않기
바보처럼 밀려나지 않기

질서는 무질서보다 향기롭다
꽃집에서 예쁜 꽃들을 보면서
다시 생각한다.

나의 뜰

앞산 등성이 하나 떼어다
내 정원 꾸몄다
청솔가지에 꿩이 와서 울고
노루 산새 다람쥐도 와서 안겼다

꽃구름 몰고 달려온 하늘
진달래 꽃잎 열고
영롱한 아침이슬 함께 빛난다

퐁퐁 솟아나는 옹달샘 곁엔
작은 조롱박 하나
아카시아 꽃을 따서 빚은 술로
그리운 지기들을 초대하리라
가을에는 단풍나무에
기대어 시를 쓰리라
언제나 거대한 나의 정원에
내 작은 마음 하나 누이고 싶다.

인어동상

청명한 하늘에 달이 밝은 가을
바다는 황금빛 물결로 눈부시다
찰랑찰랑 조리로 건져 올리면
금싸라기가 떠오를까
그런 날 해운대 인어동상을 찾아가
만나고 인도 아유타국 황옥공주였던
그녀의 영혼과 무언으로 대화를 나눈다
그녀의 마음이 되어 고향을 그리워한다

인어와 함께 꿈꾸는 시간
영원의 세월을 거슬러 오른다
찬바람 속에 동상으로 매인
고삐를 풀어내고
인어를 바다로 보내준다
반짝이는 인어의 눈물
행복한 미소를 보면서
내 가을밤 꿈을 조용히 접는다.

풍경

초록빛 장원이 출렁거린다
쪽빛 강물은 또 하나의 바다
보랏빛 산맥이 달리고
뒤쫓는 새들의 비상

허공 어디쯤에
무지개로 떴다가
사라지는
낯익은 환영들

은빛 날개 따라
그리움 하나 둘 모여들고
비 개인 유월의 아침은
유년의 연둣빛으로 오고 있다.

여로 旅路

가녀린 잎새 하나
바람에 떨고 있다

소유에 눈먼 이들의
흐린 눈빛보담이사
욕심 없이 살아온 나의 생애

눈 감지 못해 서러운 세월
꿈 하나 이루지 못한
외로움도 접어두고

허공에 띄운 갈잎 노래
사선을 그으며 무너져 내릴 때

나의 목소리로 너를 부르고
그 메아리 다시 받으며
힘든 길 가고 있다.

첫 눈.1

눈이 내린다
하얀 눈이 내린다
나비처럼 나풀나풀
아기천사 하강인가

첫눈은 눈부시게 화려한 꽃송이다
천사들이 부르는 듣기 좋은 노래다
멀리 스러져 간 내 사랑이다
가슴속에 묻어두고
드러낼 수 없었던 눈물이다
지붕 위 박꽃 같은
환희로운 웃음이다

창가에 서서 눈을
하염없이 바라보고 서있다
푸근한 평화가 밀물로 탑을 쌓는다
눈 속에서 창을 닦는다
손등에 살풋 머물다 가는 눈꽃송이

말갛게 세수한 유리창 너머로
눈 아래 펼쳐진 낮은 지붕들이
순백의 때때옷을 입는다

그 사이로 골목을 달리는
아이들 모습이
동화 속의 궁전인 듯
스크린으로 보는 명화인 듯
한 폭의 수채화인 듯

눈 이불을 덮어쓴
산의 맑은 숨소리 따라
나도 함께 꿈꾼다
하얀 꿈 소복소복
눈의 요정 흰 산토끼 데리고
신선의 나라로 눈길 가는 꿈.

첫 눈. 2

천상에서 온 편지
안개꽃 서리서리 흩날린다
북쪽 창을 열면
숨차게 달려와서 내미는 차가운 악수
품을 파고드는 작고 귀여운 새
아기천사가 부르는 축복의 노래

천군만마가 이끌고 온
눈의 여왕 행차에
기립해 일어서는 산

꿈꾸던 소나무 잠깨어
흰 옷자락 화르르 털고 있다
벚꽃 잎처럼 어지러이 날다가
하룻밤 풋정처럼 짧은 생애를 접었다.

잉어의 잠

한겨울 분수대의
물속에서 홀로 잠든
잉어는 편안하다

아이들이 몰려온다
먹이를 주려는가
잠깬 잉어에게
아이들이 돌팔매질을 한다
어디에도 숨을 곳이 없다
부옇게 떠오르는 부유물질
탁한 물속에서 숨 가쁜 잉어의 몸부림
작게 태어난 금붕어가 부럽다

한겨울 얕은 물 투명한 연못 속에
은빛 비늘 찬란한 배를 뒤집고
영면에 든 잉어는 홀로 편안하다.

아름다운 생동

이 나라 금수강산 여행하면서
땅 심에 수없이 발자국 찍었다
외국여행보다도 내 나라
내 땅이 더 좋았지
조상의 혼이 살아 숨 쉬는 곳이기에

맑은 산바람 찰랑찰랑 계곡 물소리
산 그림자 품고 녹수에 떠가는 오색 단풍잎
산새들 지저귐 청아하여 영혼을 쉬었다
욕심으로 찌든 눈 옥구슬처럼 씻고
세속에서 오염된 귀를 씻는 세이암 지나
안개 타고 신선의 나라로 스며들고 싶었지

어느 날 넘쳐나는 차들 속에서
교통사고 당하고
중환자 되어 바라보는 창밖의 세상
생동하는 사람들이
눈물겹도록 아름다웠다

무거운 깁스를 온몸에 감고
정靜과 동動의 갈림길에서
건강의 소중함 재산 제1호

정상의 명예와 재산도
건강 없이는 모래성 위의 신기루
몸 건강 마음 건강 나라도 건강
당신은 지금 건강하십니까?

환상 무도회

자욱한 안개
추적추적 내리는 장마 비에
마음도 몸도 가라앉는다
카세트로 클래식 음악을 켜자
기분이 나비 날개처럼 가벼워진다
창문 너머 안개자락이 휘장을 드리운
산이 보였다 베란다 문을 열고
뒷산 숲을 향해 음악 선물을 날려 보낸다

타이쓰의 명상곡에 안개가
제일 먼저 춤추었다
납작 엎드려 있던 바람도 일어서고
나무들과 손잡고 왈츠를 춘다
전나무, 오리나무, 아카시아, 미루나무,
소나무, 떡갈나무들이
푸른 연회복 차림으로 달려나온다.
뻐~꾹 뻑뻐꾹~
뻐꾸기도 질세라 고운 목소리로 노래부른다
라일락이 흰 옷자락 흔들며 앞으로 나서고

바위 뒤에 숨어있던 키 작은 영산홍이
못 참겠다는 듯이 빨간 드레스로 덩달아 나선다
노란 민들레꽃, 보랏빛 제비꽃, 난쟁이 야생화들도
다투어 나타나서 요정처럼 춤춘다
안개가 스멀스멀 투스텝을 밟으며
무대 뒤로 물러나자 춤추는
무희들 모습이 한층 선명하다
넓은 초원 속 무도장
은은하게 흐르는 G선상의 아리아
나비처럼 춤추는 꽃의 요정들
음악이 경쾌한 모차르트의 미뉴에트로
넘어가자 무희들 율동도 가볍고 신나게 빨라진다

이윽고 음악이 끝났다
산봉우리들이 큰바위 얼굴처럼
빙그레 미소 지으며 기립하여 쳐대는
박수소리가 천둥소리 되어 귀가 멍멍하다
땀 흘리며 춤을 끝낸 산의 얼굴이 한층 맑아졌다
무희들 땀을 산들바람이
투명 손수건으로 씻어준다
여름날 자연이 하나로 어우러져 베푼 환상 무도회
순수한 자연의 맑은 어울림 환상 무도회.

물망초

얼음 눈꽃 결빙된 눈물
그리움의 키만 자라
애처로운 넋

"날 잊지마!"
비명 같은 울부짖음
하얗게 하얗게
눈물 꽃으로 피다

그대 그리운 날에
엽서로 띄우고픈 꽃말

그리움 송이송이 백설로 맺혀
창가에 밤 그림자로 핀다

노래하는 꽃이여
청순한 얼굴 그대 머리에
무슨 형벌로 단장의 관을 씌웠나.

채식주의자

평생 채식을 좋아했다
어릴 때부터 밥상의 육류들을 밀어내었다
어머니는 그런 나를 보면 야단치셨다
몸이 가려워서 란 내 말에
고기를 안 먹어서 비리가 생긴 거라 했고
나는 고기가 가렵게 한다면서 싫어했다
좋은 음식을 멀리하는 중 팔자라 야단쳤다

평생 채식으로 살았더니
보는 사람들마다
인상이 해맑은 사람이라고
그녀 몸속의 영혼도 맑았다
흔하디흔한 암같은 병도 남의 얘기
어지럼증은 종종 있지만
담백한 바다 생선으로 대체한다
기름진 것을 피하면 건강하게 사는 이치를
선견지명으로 유아 때부터 알았나 보다.

숲은 청정한데

땅만 보였다
고집과 숙인 고개로
땅만 보고 걸으면

수많은 터널을 지나고
수없이 시행착오 반복하다가
고통에 짓눌려 눈물로 바라본 하늘
끝 간 데 없이 푸르고 눈부셨다

숲은 청정하고
자연 속 미물들은 티없이 노래하건만
사람들은 가진 것 놓지 않고
겨울 나목의 메시지가
허허롭지만 아름답다
내가 지나온 고통 길을
오늘은 다른 사람이
힘겨워하면서 가고 있다

지금은 그 눈에 푸르름 보이지 않고
우물 안 개구리는
하늘이 동그랗다 하지만

울퉁불퉁 어둡고 좁은 험로를 지나서
크고 넓은 하늘을 스스로 감지할 때
달려가 미소로 반겨주고 싶다

성자가 된 그를
그윽하게 바라보면서
지금부터 시작이라고
따뜻하게 손을 잡을까
오래오래 그날을 기다려 왔노라고.

가을단상

가을에는 그리움을 앓는다
일을 하다가도 문득 하늘을 보고
티없는 푸르름이 눈을 자극한 듯
하얀 뭉게구름에도
청정한 이슬이 고인다
침묵 속에 사색이 깊어진다

오탁을 씻으러 가야지
자연처럼 나도 맑아져야지
공기처럼 구름처럼 가벼워져서
하늘 가까이 올라야지
내 그리움의 실체를 확인해야지
다리를 다친 후에는 오르지 못하는 산을
꿈속에서 나비처럼 날렵하게 정상을 오른다
더없이 행복한 표정으로.

청수

곁에 있을 때는
너의 존재를 모른다
날마다 당연히 있는 것처럼
온갖 고마움 잊어버린다

산을 오르다가
갈증에 목 말랐던 날
휘둘러보아도
목 축여줄 한 방울 생수 없던 날
누군가 대용품으로 내놓는 음료수
너처럼 시원하지 않다

탁한 물 쓰는 인도사람
황하로 사는 중국사람
열대지방 사람들 그곳에 가면
최고 귀빈 대접 받을 너

맑은 물 마시던 지난 기쁨
너를 보내고서야 깊은 물맛
지고의 가치를 뒤늦게 안다.

생명

어디서 왔니 너는?
가슴에 꿈 소망 하나 심어놓고
수많은 날들을 기도했었지
초록 생명 만남을 위하여

씨앗 뿌려 열매 맺지 못한 안타까움
몇 해를 허송세월 하면서
한여름 논밭처럼 타들어 갈 때
외할미의 기도에 응답하듯
거룩하신 손이 촉촉히 내린 단비
생명수였네

숨이 막히도록 빛나는 눈
초롱초롱 미소
날마다 빛살처럼 곱게 닦여서
부드러운 사과향 꽃으로 피네

너를 바라보노라면
세상 모든 근심사 오욕들
다 씻겨 내리고
순수에 떡 감고
동화되어 살아가는 행복
아가야 어디서 왔니? 너는!

비와 여인

주룩주룩 찬비가 내린다
세상 오욕 씻으려고 비가 내린다
우산도 없이 찬비를 맞으면서
여인이 짐을 지고 걸어간다

임금님 귀는 당나귀 귀라고 말한 죄
옷을 입지 않았고 발가벗고 있네요
천진한 아이처럼 솔직하게 말한 죄
누구라도 눈 밝으면 보이는 진실

임금님 눈치 보느라고
아무도 하지 못하는 말을
속임수를 싫어하는 그녀 본 대로 말했다
그것이 멍에가 되어 목줄을 조이고 있다
죄라 한다. 무거운 죄라 한다

하늘이 낱낱이 보여주는 일을
말하지 않을 수 없었다

하늘을 대신하여
말하지 않을 수 없었다

누군가 속인의 죄를 등에 업고
무거운 십자가를 져야 하는 세상
그 십자가를 가녀린 어깨에 지고
차가운 빗속을 힘겹게 가고 있다

우리가 사랑하는 의인이
누명을 쓰고 생을 달리했던 날
그날처럼 지금도 주룩주룩 비가 내린다.

안개 속으로

강물처럼 푸근한 미소
꿈속에 있었다
알 듯 모를 듯
눈빛으로 내게 말을 걸었다
강가에 가면
그 미소를 만날 수 있을까

안개에 홀린 듯이
강가로 나오자
빈배만 바람에 출렁이고
포플러 반짝이는 잎새 눈부시게
꿈처럼 미소 짓고 있었다

숲에서 부르는 소리 있어
나도 모르게 가 보았다
아무도 가지 않은 이 길을
다정한 목소리로 부르는 이

하늘하늘 선녀의 날개옷으로
손짓하는 안개 따라
가까이 다가갈수록
은은한 향기 나를 감싸고
돌아가는 길 잃어버릴 만큼
숲은 깊고 아늑했다

어느새 날은 저물고
새들이 둥지 찾아 깃을 접을 때
안개 숲의 향기에 취해
비몽사몽인 듯 혼자 남았다.

겨울 숲에서

나목의 가지 사이로 파랗게 펼쳐진 하늘
외진 숲속에 혼자라는 사실을
잠시 잊기로 했다
쏴아쏴아- 파도되어 밀려오는 바람소리
끈질긴 생명력으로 가지 끝에 매달린
마른 잎이 대롱대롱 그네를 탄다
숲 빛깔이 수수하다
가을 단풍처럼 색깔이 고혹적이지도
화려하지도 않으면서 갈색의 차분한
색조로 등 부비는 낙엽들
잔가지 사이로 비쳐드는 햇살이
숲의 비밀을 알고 싶어 하며
침입자처럼 기웃거린다
바스락바스락 낙엽을 밟으며
나도 그들 속에 침입자다
지천으로 깔린 낙엽들이 목화솜 이불인양
폭신하다. 낙엽위에 살며시 앉는다
천연의 흙냄새와 싸아한 낙엽 냄새
공기는 더없이 청량하다

대자연 속에 홀로 있는
자유를 맘껏 누린다
숲속의 소리에 귀 기울인다
내밀한 그들의 속삭임을 엿듣는다

쏴아아 -
바람이 한 차례 숲을 흔들자
나뭇잎들이 일제히 몸을 흔들며
왈츠를 추기 시작했다
잠시 후 북풍이 더 세찬 음악을 틀자
우우우 - 데모대 같은 함성을 내지르며
앞으로 내달다가 미친 듯이
광시곡을 추어대었다
겨울 숲의 축제
바람이 긴 여운으로 웨딩너울을 쓰고
나를 천상으로 밀어 올리는
길잡이 노릇을 하고 있다

쏴아아 - 쏴아아 -
밀물져오는 파도소리
나는 숲에 있는가, 바닷가에 섰는가
숲이 바다 되고 바다가 숲이 되는 환상을 본다
겨울 숲속에서 나는 홀로 행복하다.

나는 요정이고 싶다

무대에 서면
전설 속의 아름다운
요정이고 싶다
신화 속의 여신이고 싶다

요정처럼
여신처럼
우렁이각시처럼
처용처럼
노래하며 춤추고 싶다

프로정신으로
진정한 예술인이 되고파서
재미없는 이 세상을
무대 위에서나마 재미있게
꿈꾸면서 살아가는 방법이기에
오늘도 노래하고 춤춘다

타인들을 즐겁게 하기 위해
거울 앞에서 옷을 입었다 벗었다
무수히 원맨쇼를 연출하고
연습을 실제상황처럼
재현한다

예술가의 운명을 점지해주신
하늘나라 신께
두 손 모아 엎드려
감사드리네
눈물 끝에 얻은 영광
지금 나는 더없이 행복하다고.

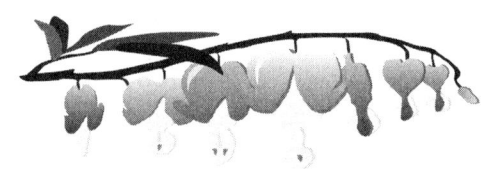

열일곱 살 소녀

어머니
내 나이 열일곱 살 적에 나는 어땠나요?
가녀린 어깨에 무거운 짐 진 소녀
낮에는 소녀가장 노릇
평생 공부를 좋아했기에
주경야독하던 억척스런 소녀
꽃을 보아도
남들은 깔깔 웃어도 웃을 줄 모르고
친구와도 담을 쌓은 애어른이었지요

나는 당신의 둘째딸
올망졸망 다섯 동생이 있었지요
장기간 병을 앓는 어린 남동생도 있었지요
어머니 혼자로는 감당할 수 없었기에
스스로 나누어진 짐입니다

십년 세월이 흘러
남동생들이 성인이 된 후에야
내 어깨의 짐이 가벼워졌습니다

그때부터 내 일을 해도 되었지만
청춘은 강물처럼 흘러가 버렸네요

그때 그리다만 미완성의 그림을
혼신을 다해 지금 그려내고 있습니다
꽃이 피고 나비가 날고
영롱한 무지개 해맑은 바람
행복을 전해주는 요정으로 살려고 합니다

꽃다운 나이
꿈 많은 열일곱 살
오늘 내 분장 모습입니다.

인디언의 노래
- 아바타

나는 인디언 추장의 딸
순수한 자연이 낳은 존재
아득한 옛날부터 인디언들
하늘을 섬기고 땅을 사랑하고
곡식과 짐승 아끼면서 천심으로 살았지

유랑도 몰라 여행도 몰라
놀고 먹는 게으름도 몰라
남을 해칠 줄도 몰라
비 내리면 농사짓고
작은 짐승 사냥하고
강에서 고기 잡아 노인들 섬기면서
아기를 낳으면
새 생명을 하늘에 고하면서
자연에 경배하는 제사 지내면서
부족들 모여 순박하게 살았네

어느 날 무기로 무장한 문명인들
나타나 이 땅의 평화를 깨트렸네
용감한 추장의 선도 아래
인디언 용사들 단결해서
고향을 지키려 했건만
총 앞에서 허무하게 쓰러져 갔네

토착민 몰아내고
노예사냥 하는 백인들
인디언을 바보로 아는 문명인들

최후까지 살아남은 인디언
선진국 문명이 아무리 좋다 해도
자연을 스승 삼아
바보로 살고 싶은 인디언
그대 아름다운 영혼의 인디언
인디언… 인디언…

생명의 노래·1
- 교통사고 후에

깊은 잠에 빠졌던 뇌가 서서히
깨어나는 순간 깜깜한 터널 속이었다
가슴에 커다란 통증이 온다
어둠속에서 뭔가가 일제히 파닥거린다
파닥파닥 파닥파닥
노랗고 색깔 고운 형형색색의 작은 나비떼다
납작 엎드린 채 무생물이던 것이
생물로 변모해서 눈앞을 어지럽힌다
파닥파닥 작은 날개를 바람처럼 떨고 있다
그 무리가 일제히 날아오른다
시야를 가득 채우는 총천연색
천상의 꽃밭처럼 알록달록 현란한
무지갯빛 아름다움이다
수천 수만 마리의 나비들이
하늘을 향해서 날아오른다
내가 있는 곳이 어디일까?
나는 왜 나비동굴에 와 있는가?

생명의 노래 · 2

날자, 날자!
새로운 모습으로 날자!
허물을 찢어내지 않으면
날개를 펼칠 수 없다
푸른 창공을 만날 수 없다
노랗고 눈부신 날개옷도 없다
입으로는 계속 최면을 건다
시지프스의 큰 바위를
산 위로 밀어 올리는 고독한 행군
죽을힘으로 이불 빨기를 끝냈다
몸으로 이불을 빤 것인지
머리로 빤 것인지 알 수 없다
땀인지 눈물인지 모를 액체가
두 뺨으로 줄줄이 타고 내린다
불가능한 일을 죽자 살자
강한 의지로 성취한 기쁨
오! 신이여 고맙습니다.

     (2005년 8월)

다대포에서
- 겨울바다

철새가 운다
노을정 누각에서 철새가 운다
바다에 새는 없는데
어디서 나는 소리일까
사방을 두리번거린다
귓가에서 종내도 떠나지 않는
노래 소리

바람이 노을정 누각 기둥을
현으로 켜고 있다
갈라진 나무 틈새로 드나드는 바람
휘파람새 소리로 아름답게 운다
빈 모래사장을 한 남자가 가고 있다
겨울 나그네 외로운 모습에
친구 되어 빛나는 황금물결
그의 인생은 힘든 고난뿐이라 해도
바닷가에 서면 행복을 느끼는가

사장의 모래바람이 남자를 삼킨다
우우우우우-----
부옇게 일어서는 함성
앞에 가는 그는 눈앞에 없고
누각 위에 홀로 선 내가 있다

바다의 소리
눈물을 안으로 삼켜라 한다
삼키고 또 삼키면 훗날 노래가 되는 이치를
눈물을 뜨겁게 삼킨 바다는
구도자처럼 먼저 알고 있다

태양을 맞은 물결이
얼음조각 보석처럼 눈부시게 빛난다

겨울바다 노을정
기둥이 켜는 휘파람새 울음소리는
오늘의 화두였구나!

미꾸라지와 고등어

바닷가의 친척집에 놀러갔다
길 없는 길에서 유턴을 하고
힘겹게 빠져나왔다

주인 없는 빈방을 청소하다가
미꾸라지들을 주웠다
꼼지락 꼼지락 생명이 숨쉬고 있었다
한 사발의 미꾸라지 횡재로구나
몇 몇 어족들 마당 시멘트 바닥에 뒹굴고 있었다
삶터를 벗어난 탈출이 길을 잘못 들었는가
재빠른 이웃들 달려와 큰 고기 몇 마리 거두어갔다

고등어 두 마리 베란다 창살에 끼어 있었다
생명 멎었지만 싱싱하다
추어탕도 끓이고 고등어구이도 해먹자
공짜 노획물 자랑하면서 보니
아아, 여기는 해변 아파트

태풍 파도 타고 어족들
인간의 땅에 뛰어들었지만
바닷가 방안에 미꾸라지가 웬 말?

길 없는 길에서 길을 찾아내고
그저 생긴 고기들로
요리할 꿈에 부풀다가
봄꿈에서 깨어나 하늘을 보다
길몽인가 흉몽인가
반백 넘은 나이에 태몽인가
잔잔한 미소 입가에 여울지고
먹지 못한 고기들 아까워라
잠깨어 눈 뜨는 바람에.

가난한 기도

그래
날마다 저 푸른 하늘을 사랑하자
한 마리 날으는 새도 소중히 하자

핏빛으로 타오르는 저녁노을에
두 손을 모으고
내 영혼을 일깨우는
한 줄기 청명한 바람도
사랑하리라

저물녘 창가에 서서
소리 없이 흐르는 강물을 보자
어느 날 뜨겁도록 울던 내 통곡도
내일의 행복을 잉태하기
위해 있었던 전주곡
그 눈물로 내가 더
성숙했음을 감사하자

대지를 적시는 비는
새로운 생명을 탄생시키나니

한 줌의 행복을 건져 올리면
내 가난한 이웃들과 나누리라
욕심 없이 감은 눈두덩에
평화의 안식이 내릴 때까지
무엇이든 크게 부둥켜안으리라
폭풍우에도 바위 같이
끄떡 않는 사람이 되리라.

그들의 눈물
- 시민연대

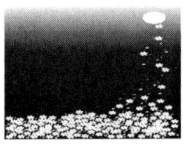

한 여자가 울고 있네
소리 없이 온종일 울고만 있네
남편을 잃었수?
자식이 죽었수?
그녀 고개 흔드네

가만히 살펴보니 그녀
세상을 바라보며 우는 거이네
진실을 찾아 구석구석 헤맸지만
찾는 진실은 보이지 않고
부정과 부패, 오욕들만
가득 차서 우는 거라네

한 남자가 울고 있네
그대 울어 세상이 달라지던가
천 날을 계속 울어 오욕들 씻겨나고
바른 세상 볼 수만 있다면
그래서 바보처럼 우는 거이네

오욕들 남자 눈에 들어가
피血되어 흐르네

못난 이 땅은 나의 조국
온갖 탈법들이 판치는 세상
미워서 버리고 싶어도
차마 버릴 수 없어 우는 거라네
부처도 돌아앉아 눈물 흘리네.

수정 비둘기

지고 가네 지고 가네
설움보따리 야윈
어깨에 넘치도록 지고 가네
눈물이 얼어서 빙산이 되고
그 빙산 녹아 붉은 피눈물
뜨겁게 흘러 흘러 미망을 씻네

고통보따리
처음에는 내 것 아니었지만
어느 새 온몸을 누르는 무게로
폭발하지 않고는 견딜 수 없네
예수 이마의 가시 면류관
님이 빼앗아
무거운 십자가 대신 지고 가네

두고 보자며 방관하는 사람
내 일 아니라며 외면하는 사람
반대파 편에서 비웃어대는 사람

그들은 냉혈동물
별나라에서 온 외계인인가
난세에 영웅이 난다 했지만
소신공양 그대 희생 절통하네

지고 가네 지고 가네
슬픔 고통덩어리 결정체를
투명한 사리
징으로 쪼아 금강석 만들어
세상에 높이높이 뿌리려고
그대 홀로 불 속으로 산화해 갔네
그러나 불에도 타지 않는
그대 영혼은 푸르디푸른
수정비둘기
창공을 날아날아
하늘에서 찬란한 별로 뜨리라.

(2006년 2월 6일
황우석박사의 억울함을 보고 분노하며
분신자살한 정해준 열사의 장례식에 부쳐)

詩를 위한 변명

배가 부르면 시가 써지지 않는다
고통이 없을 때 시가 써지지 않는다
사랑이 없을 때도 마찬가지다
시는 가난을 먹고살고
고통과 슬픔을 먹고살고
사랑을 목마르게 기다리면서 온다

그것은 옛말이라고
이제는 다들 배가 부르다고
배부른 자도 잘만 쓰지 않느냐고
사람들은 항변하지만
나의 시는 가난과
눈물과 슬픔 속에서
보석이 되어 찬란하게 빛났다

손과 가슴이 녹슬어
이제 더는 시를 쓸 수 없다 해도
안달하지 않고 묵묵히 기다리겠다

어느 날 반짝
샛별이 되어 오는 너를

노년에는 너와 바꾼
안정과 행복
여유와 건강을
눈동자 가득 미소로 빛내면서
대지를 사랑하겠다
감사하면서 살겠다
그것은 또 다른 축복이기에.

늪

네 속은 비밀로 가득하다
위험하니 접근금지!
뒤돌아본 그 속에 온기 있고
탁한 어둠 속에서 생명을 키운다

너에게 다가서는 일은 두렵다
무관심한 척 딴청을 하다가
한 순간 발목을 와락
잡아당긴다

내밀한 슬픔 고통
젖은 발목 빼려고 탈출을 꿈꾸지만
끈끈하게 엉긴 뻘 더욱 휘감는다
낙화되어 침몰하는 배

세월이 흐른 뒤
자정自淨의 생명 눈부시게 내놓는 너는
흑과 백의 양면성을 함께 지녔다

성급함을 나무라듯
겉으로 드러나는 것만
전부가 아니라고
봄날 아지랑이로
시위 분수처럼 뿜어 올리는가
늪은 쉽게 말하지 않는다
검은 빛 무게로 가라앉아 있다.

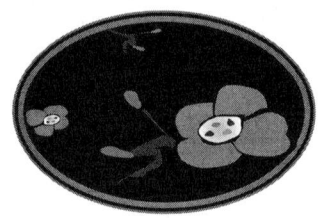

부뚜막의 소금도

부뚜막의 소금도 집어넣어야 짜다
우리 속담에 재미있는 말들이 많다
아무리 좋은 생각이 있어도
말이나 행동으로
표현하지 않으면 소용없다는 뜻

소금도 먹은 놈이 물켠다
자식을 특별히 애지중지 하거나
도둑을 잡을 때 쓰는 말
어떤 사건에서
의심스러운 존재를 찾아내는 말

천리 길도 한 걸음부터
큰일을 행할 때
작은 것부터 시작하고
하나하나 다져가야 된다는 말
우리 속담 속에는
옛사람들의 깊은 지혜가 있다.

건축공사

한겨울 추울 때는 건축공사하지 말라
공정을 바쁘게 잡아놓고
무조건 빨리 하라 다그치는 사람들
꽁꽁 얼어붙는 날씨 속에서
시멘트 공사하다가 굳지 않은 바닥이
공사 중인 고층 건물을 붕괴시켰다

삼척동자도 알 기본을
건축 전문가들이 모르다니
낫 놓고 기역자도 모른다고 한다
눈앞에서 여기저기 무너져야
아차! 하면서 뒤늦게 위험을 감지한다

지각신경은 출장을 보냈는지
치매에 걸린 사람들이 너무 많다
자기가 살 집이면 그렇게 짓지 않으련만
자식이 살 집이면 그렇게 짓지 않으련만
나태와 무신경이 사람 잡는 세상
허무하게 떠난 희생자가 말한다.

시계소리

째깍째깍 시계 소리에
밤내 잠 못 든다는 사람
괴로움을 별로 알지 못했다

근간에는 나도 째깍째깍
소리와 밤새도록 씨름하면서
불면으로 밤을 밝히다가
시계 배터리를 빼내고
미운 시계를 안 보이게 엎어놓고
다음날 소리 안 나는 시계를 찾아서
전자시계를 어렵게 구했는데

집에 와서 보니 그 시계는
소리는 안 나지만
손으로 누르는 시간만 잠깐 보여준다
늙은 나는 벽을 쳐다보면
주야장천 시간을 보여주는
충실한 시계가 익숙하고
까만 전자시계 화면도 불편해서

다시 배터리를 끼워 넣고
둥근 시계를 그대로 벽에 걸었다
예전에 살던 아파트에서는
시계소리가 크지 않았는데
살펴보니 원인은 벽에 있었다

단단하고 두꺼운 시멘트벽은
방음장치가 잘 되어서
시계소리가 성가시지 않았지만
작은집으로 이사한 후에는
벽 곳곳이 합판으로 얇아서
뒤쪽이 울리는 악기 역할을 한다는 것
아하! 그래서였구나!

째깍째깍 소리를 작게 할
방음장치를 고심하다가
선물로 들어온 행주 담담사를
다섯 개 포개어서 바늘로 꿰맨 뒤
원형 시계 뒤에다 붙였더니
시끄럽던 소리가 좀 작아졌다
이제는 편한 잠을 자겠네
내 손이 내 딸이다.

새벽길에서

방송 뉴스에서
1.24 새벽 6시 이후에 화성 금성이
새벽하늘에 가장 가까이 나타나는
것을 볼 수 있다기에
하늘 별자리에 관심이 많은 나는
시계 알람 6시에 맞춰두고 일어나
방한복 챙겨 입고 새벽길 나섰다
올해 들어 가장 춥다는 예고만큼
새벽 기온은 얼어붙는 혹한
두꺼운 장갑 낀 손가락이 아렸다
동서남북 하늘 다 둘러보아도
흐린 날 아니건만
하늘에는 화성 금성 보이지 않았다

서쪽 하늘 보면서 새벽길 마냥 걷다가
동쪽하늘인가 하고 반대로 걷기를 한 시간
아무것도 없는 하늘 보기 허사였다
텅텅 빈 차들만 불 켜고 새벽길 다니는데
혼자인 운전기사 아저씨들 서글프겠다

강추위에 바람까지 가세해서
도로에는 낙엽들이 마구 흩날리는데
캄캄한 도로에서 외등 빛으로
새벽길 청소하는 아저씨들 보았다
바람에 구르는 낙엽 따라가면서
쓸어도 쓸어도 소용없는 새벽길 청소
그것을 보면서 가슴이 아렸다
바람에 날아오는 커다란 비닐봉지
달려가 주워서 아저씨 수집 통에 넣었다
고맙습니다 인사하는 내 말이 떨려나왔다

지상에서 아픈 모습 보고 지하철역 지하도에
내려가 보니 강추위 속에서 아무도 없는
빈 화장실을 혼자 청소하는 여성도 보았다
아아 저런 사람들이 있기에
우리는 깨끗한 도로 깨끗한 화장실을
쓰면서 사는구나 새삼스레 느꼈다

새벽길에 나오지 않았더라면
예사로 모르고 지낼 고마운 사람들의 노력
새벽하늘에서 화성 금성은 보지 못했지만
새벽별 같은 사람들을 본 감회
그분들을 위해서 기도하련다.

겨울 역전 풍경
- 나는 죄인이로소이다

나는 죄인, 죄인이로소이다
하늘로부터 죄를 얻어
쫓겨난 죄인이로소이다
세상이 나를 버렸소이다
가는 곳곳마다 차갑고 매서운
눈총이 따갑소이다
남루한 내 영혼에 돌팔매질을 하는 사람들
영양과잉으로 번들거리는 눈빛에
저들끼리 즐겁게 웃고 있소이다

거지 소년 하나 앞에서 걸어오고 있소이다
먹던 밥알이 달라붙어 땟국이 꾀죄죄한 얼굴
언 땅을 밟는 새까만 맨발이 가슴 저리오이다
그의 아비는 역전 지하도 노숙자로
날마다 알코올에 쩔어 있소이다
구걸한 돈으로 소주를 사서 병 나팔을 불고
게슴츠레 풀린 눈동자로
신문지 위에서 세상을 향해 웃고 있소이다

주인집 아들을 좋아하다
도둑 누명을 쓰고 쫓겨난 가정부처녀
고향에 갈 수 없어 역 주변을 돌면서
울고 있소이다

온 몸을 배배꼬며 미친 듯이 춤추고
노래하는 각설이 엿장수
전생의 무거운 죄를 씻고 있소이다
실에 맨 짚신을 하늘 향해 허공중에
차올리고 있소이다
차서 던져도 던져도 그것은
멍에처럼 되돌아오고 있소이다

거지 소년
각설이타령에 춤추면서 신나게 돌다가
구경꾼이 던져준 호박엿 두 개를
늙은 아비에게 갖다 주고 있소이다
발이 시릴 소년에게 내 신발을 벗어
내밀었지만 홀가분한 자유가 그리도 좋은지
웃음 흘리면서 고개를 젔소이다

가정부 처녀 제 마후라를 벗어서
거지소년의 목에 둘러주고 있소이다

내일은 노숙자 가족 하나
늘어날 조짐입니다
날마다 한 꺼풀씩 죄의 껍질을
벗겨내면서 외로운 사람들은
저들 끼리끼리 등 기대고
살아갈 풍경이로소이다

그 위로 따뜻한 햇살 한 줄기
눈물처럼 기도처럼
내려 쪼이고 있소이다.

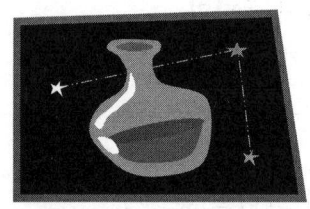

낙엽의 미소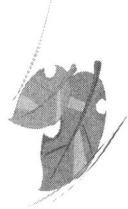

해거름 녘
낙엽의 얼굴로 지나는
길목 한 모퉁이
내 시선 머무는 곳이 있었다

쇼윈도 속의 불빛은 적당히 은은하고
눈빛이 따뜻한 한 여인이
그림을 그리고 있었다

세우 뿌리는 날
비를 피해 그곳에 찾아들고
가슴이 허허로울 때도
내 영혼을 잠시 쉬었다

이심전심이라 말하지 않아도
나 또한 따뜻한 가슴이 되어
비탈길을 오르면
그대 눈빛 그 미소 다시 생각히우고
우리는 두 영혼이 마주 손잡았나 보다.

〈사월초파일 낭송시〉
천수천안 부처님

길고 긴 인생길 세찬 파도 넘다가
캄캄한 터널 지날 때
진실한 이 간절히 기도하면
암흑을 밝혀주는 등불로 오시고
배고플 때 빵이 되어 나투시는 당신
나태할 때 병을 주시어 서릿발로 정신 들게
잘못 들어선 길 바로잡아 주시는
영혼의 지팡이

풀잎으로 일어서는 민초들 사랑하시고
천수천안 몸을 나투시어 사바의
중생들께 끝없는 자비를 베푸시나니

오 거룩하신 부처님 관세음보살
아기처럼 맑은 영혼 만날 수 있으니
씨 뿌려 심은 대로 거두는 열매
이처럼 정직한 법 어디 있으랴
꽃보다 아름다운 당신

새 생명 은혜로 솟는 신록의 계절
은은한 연꽃 향기 불 밝히며
하늘 축복 사바의 광명으로 오시다.

부처님 우리 부처님

오월 향기 속으로 걸어갑니다
꽃 부처님들 미소를 만나고
수목을 키우시고 고기를 기르시는 물 부처님
엎드려 거리를 쓰는 청소부 부처님
아, 저기 늙고 지친 몸으로
여기저기 돌아보며 울 듯한 할머니 표정
집에서 나왔다가 길을 잃었나 봅니다

치매 할머니 곁으로
부처님 큰손이 다가가십니다
나도 그런 부처님을 닮고 싶어서
불행한 사람들 곁으로 달려갑니다
노동자 부처님도 보입니다

햇볕에 검게 탄 얼굴로 당신을 반기며
화안히 웃고 있는 모습
해탈한 수도자를 닮았습니다

병자를 치료하시는 부처님은
하얀 가운 백의를 입으셨네요

수많은 병자들을 돌보시려고 바삐 가십니다
그들을 위해 노래하는 부처님도 있네요

이곳저곳 거룩하신 손길을 보고
집으로 돌아와 보니
딸이 안고 온 아기부처님
세상의 평화와 행복을 축소한 듯
말갛게 웃고 있습니다
부처님 당신이 계시기에 참 행복합니다
나무 석가모니불
나무 석가모니불
나무 시아본사 석가모니불.

촌부의 미소

간절한 염원 노래로 담아
강물에 띄운 연꽃등
세월 따라 흐른다
소용돌이에 휘말려 위태롭더니
흐르다가 흐르다가 징검다리에 걸렸다

다리 위를 지나던 어진 촌부
지친 꽃잎을 건져 낸다
촌부 모습으로 미소 짓는 당신
그대 품안에서 상처 난 자리에
새살 돋을까

세상 밖으로 튕겨났던 기억
다시 세상 속으로
연어 되어 거슬러 오른다

연꽃의 꿈 연꽃의 잠
먼 곳에서도 그대는 아시리
나무아미타불 관세음보살.

불火 속의 등신불

새해 소망 비는 정월대보름 달집태우기
다대포 바다에 비가 내렸네
빗물 고인 모래사장
탑신 같은 나뭇단 높이 쌓이고
간절한 기원들 기도로
하얀 쪽지 열매로 매달려
빗속에 맹렬히 타오르는 기름 장작불
물과 불의 생동 조화 아름다워라

비바람 속에서
뻗쳐나는 기원 지켜보던 여심
카메라로 찍은 불사진 집에 와 현상해 보니
관세음보살 불 속에 계실 줄 뉘 알았으랴!

뜨겁게 타는 등신불로 합장한 채
달 없는 밤 무언으로 주시는 메시지
찰나 속 영원의 모습으로
예술 혼을 불처럼 뜨겁게 살되
하심河心과 기도, 하심下心도 잊지 말라

오 거룩하신 부처님 관세음보살
어두운 세상에 광명의 등신불로 오시다.

등신불(等身佛) : 사람 크기로 만든 불상. 불교에서 번뇌라는
　　　　　　　　뜻을 의미한다.
하심(河心) : 물처럼 선한 뿌리. 어디에나 잘 융화한다.
하심(下心) : 자신을 낮추어 '나'라는 집착에서 벗어나는 것.

세상을 모니터하다

조상 때부터 애국자 기질
자신을 바르게 다스리면서
평생을 검소하게 살았다
부정과 불의를 보면 용납하지
못하는 타고난 선지자
범죄자들 앞에 용감하게 나서기도
해서 적을 만들기도 하지만
불우한 이들에게는 따뜻한 눈물
못 가진 사람들을 품어 안고
자기가 가진 것을 다 내주었다
평생을 주면서 사는 습관으로
나목처럼 자기 몫은 없는 빈손이었다
독서를 좋아해서 수많은 책을 읽고
명작들 속의 위인 영웅들을 사랑했고
훌륭한 위인들을 닮고 싶어 했다
운명처럼 기자가 되고 모니터가 되어서
세인들을 바른 길로 이끌어주고
잘못하는 사람들을 몇 번은 참아주다가
계속 못되게 굴면 천둥처럼 호통쳤다

화를 내면 세상이 흔들린다
포청천 같은 하늘 사자
이조시대 암행어사
세상을 바로 세우려고
운명으로 하늘이 보낸 사람
불의 앞에서는 무적의 왕이었다

국민들이 눈여겨보는 정치가들 중에도
찾아보면 그런 인재들 있다
개인 욕심이 없어야 하고
이타심으로 무장된 사람
그들이 있어 세상은 살만하고
안전과 행복을 기대하면서 산다

세상 곳곳 고쳐야 할 것들을 찾아서
사람 건물 문제 있는 것들을 관찰하고
무지와 싸우면서 용감하게 나서는 여자
귀찮아하지 않고 밤새워 글로 써서
조언하고 사람들 건강도 지켜주었다
세상이 좋아지면 보람을 느끼고
스스로도 행복해지는 여자
오늘도 세상을 모니터 한다.

겨울 길 위에 서서

한겨울 어망공장에서 야간작업을 하고
졸음이 퍼붓는 지친 몸으로
버스비를 아끼느라
바람 세찬 영도다리를 지나올 때
매서운 바람은 살을 에이고
파리한 낯빛에 설움이 쌓여
가도 가도 다리 끝은 아득히 멀어 보였네

다리 난간에 기대어 서서
무청처럼 시퍼런 바닷물을 내려다보자
물결은 오라오라 손짓하며 출렁이고
휘청거리도록 마구 불어대는 겨울바람 등에 업고
우수수 지는 벚꽃 잎처럼 나비처럼 화르르
바닷물 속으로 날고 싶다고 생각했지
푸르디푸른 물속에 피안의 언덕이 있을 것 같아

그 이름 소녀가장
작은 어깨의 짐이 너무 무거워
고생하는 어머니와 동생들

초롱한 눈망울 생각하고는
안 돼! 안 돼!
세차게 고개 저으면서
졸음과 피곤, 배고픔 밀어내고는
푸른 유혹 떨쳐내고 미친 듯이 달려갔지

바다는 소녀에게
시련을 견디라고 힘을 주었지
네가 할 수 있는 최선을 다했느냐
어떤 폭풍우에도 흔들리지 않을 가슴을 키워라
사자가 너를 밥으로 원하면 사자 밥이 되어주고
가난이 채찍으로 후려치거든 피하지 말라
혹독한 시련은 아무에게나 주어지는 것이 아니다
그것을 이겨낼 큰 그릇을 선택해서
하늘이 내린 선물이니

선지자처럼 들려주는 바다 소리 들으면서
소녀는 자라서 처녀가 되고 어른이 되어갔지
긴 세월 힘든 고통을 운명인 양 껴안으며
사랑할 수 있었네

중년이 된 여자
만인의 어머니로 거리에서
잠자는 거지소년 보면
선뜻 가슴에 안았고
역전의 노숙자들 위해 눈물 흘리네

이 세상 고통 받는 사람들이 내 몸 같아서
그들을 가슴에 품는 보살이 되었네
불행한 사람들을 위한 기도
그들 죄를 어깨에 지고 가네
배고픈 가난, 추위에 떠는 고통, 병자의 시련
호사로 살면서 겪어보지 않은 사람은 모르지

때로는 투사처럼 부정을 질타하며 세상을 지키고
내 한 목숨 바쳐서 나라가 산다면
그 길도 피하지 않고 용감하게 가려 하네

언제나 옆에 계시는 신의 손길
하늘이 주시는 보상이 너무 커서
신께 바치는 행복한 노래 부르면서
온몸으로 뜨겁게 감사기도 올리네.

바람소리

바람이 분다
나는 온몸으로 바람을 만나러 집을 나선다
바람은 앙금처럼 가라앉아 침묵하는
영혼을 일깨운다
쏴아- 해일처럼 밀려오는 바람소리를 듣고
있으면 그 속에 바람의 속삭임이 있다
깨어나라 깨어나라 한다
더 높은 곳을 향하여 더 아름다운 꿈을 위하여
네 날개를 활짝 펼쳐라 한다

나는 비를 사랑하듯 바람을 사랑했다
여름날의 청풍뿐만 아니라 한겨울 삭풍도
온밤 창문을 부술 듯이 회오리로 오는
노도 같은 광풍도 두려움에 떨면서
불면의 밤을 지새우면서도
영혼을 흔들어대는 바람을 사랑했다

바람은 자주 비를 몰고 왔다
넓은 바다 한가운데서
태풍에 조난당한 작은 배 같이

우수수 선혈의 울음 울며 쏟아져 내리는
추풍낙엽 같이 아픔과 고통을 몰고왔다
눈을 감고 바람의 심장에 귀를 대본다
그는 난폭한 짐승처럼 포효하며 울고 있다
바람은 허허벌판에 선 내 몸을
갈대처럼 마구 흔들었지만
두 다리로 버팅기며 넘어지지 않으려 안간힘썼다
두 팔을 벌려 바람을 안듯 그 고통들도
가슴에 껴안았다
뜨거운 눈물로 그것을 안고 보면
끝내는 한 줌 재로 스러질 것을 알았기에

바람의 귀에다 대고 속삭인다
아무리 흔들어 봐요
나는 결코 넘어지지 않을 테니까
그 고통 앞에 무릎 꿇지도 않아요
예술혼이 날 지켜주는 한
당신은 결코 승자가 되지는 못할 거예요

그때 바람이 고개를 끄덕여 주었다
그래, 바로 그거야! 나는 때때로
이 땅의 모든 것을 심술궂게 뒤흔들어 놓고
싶어 하지만 내가 사납게 지나간 후에도

쓰러지지 않고 버티고 서있는 나무와
의지의 사람들을 사랑하지
나는 종종 시험해보고 싶은 거야
그들이 얼마나 단단한 뿌리를 지니고 있는가를
바람은 그제서야 친구로 다가와 손을 내밀었다
부드러운 해풍이 되어 머리카락을 흔들고
감미로움으로 목덜미를 휘감았다
어제는 사나운 태풍으로 휘몰아치던 바람이
오늘은 청풍으로 오는 인생길

바람이 분다
영혼을 울리는 바람소리를 쓸어 담기
위해 밤의 광장으로 나온다
근시안인 내 시야에 하얀 눈꽃이 되어
흰나비 떼처럼 파닥이는 닥나무 이파리들
바람 속에 파르르 고운 날개를 떨고 있다
바람에 휘날리는 머리카락. 겨드랑이에
날개라도 솟아 바람 따라 어디든 가고 싶다
새의 날개로 자유를 향해
푸른 하늘을 날아가고 싶다
어디서 와서 어디로 가는지도 모르는
정처 없는 바람이 분다
내 가슴속에도 눈물 같은 흔들림 바람이 분다.

옷가게 여사장은 참 이상해

남포동 옷가게 앞에서 발길 머물고
길가에 내놓은 싸구려옷 한참을 골라 보았네
낭송할 때 어떤 옷 입어야 하나
호주머니 속 달랑 만원 만지작거리며
철 지난 옷 잘 사면 입을 만한데

의상실 여사장 밖에 나와 미소로 나를 부르더니
쇼윈도 마네킹이 입었던 우아한 옷 불쑥 내밀었네
나 그런 옷 살 돈 없어요!
깜짝 놀라 밀어내었지. 고단수 상술인가 하고
어쩐지 당신께 선물하고 싶네요
앞에서 관세음보살님이 걸어 오시더라구
이 옷 예쁘게 입으면서 내 생각해 주세요
미인 여사장 따뜻한 미소로 언니처럼 다정해
내게 억지로 주섬주섬 예쁜 옷 갈아입히고는
야, 딱 맞네. 당신이 바로 이 옷 주인이에요
예쁜 옷 만들어 걸어놔도 오랫동안
사가는 사람 없어서 오늘 내 맘에 드는
사람 있으면 선물하려고 별렀다오
보살님께 드리면 나도 행복해

나도 불교신도 회장이거든요
싸구려 옷도 아닌 의상실 옷 어찌
그저 얻나 공짜 좋아하는 사람 아닌데
나는 그런 옷 살 수 없어요
내가 살 수 있는 것은 만원짜리뿐
한참을 밀고 당기며 실랑이 했네
보살님께 올리는 선물이라니까요
받아주세요, 내 마음을
공짜 싫다니까 그럼 수중에 가진
만원만 내라면서 굳이 안겨주었네
내게 맞는 옷을 벽에서 걷어내어 또 주었네

옷가게 여사장은 참 이상해
돈 없는 내 앞에서 싱글벙글
싸구려옷 고르고 있는 내가 왜 그리
좋았을까? 먼먼 전생의 인연일까
나보다 가난한 이웃들에게
나는 내 것 나누어주고 싶은데
옷가게 여사장은 나에게 주네
돌고 돌아 낯선 거리에서 되돌아오는
이상한 법칙. 아하! 이것이 윤회였던가!
외출할 때 나는 그 옷 입지 못했네
그것은 장롱 속의 장식품일 뿐

그 옷을 볼 때마다 뭉클 눈동자에 맺히는 이슬
장롱 문 열 때마다 남포동 여사장의 후덕한 미소
백합처럼 하얗게 떠오르네
돈 없어도 언제라도 오세요. 나 부자예요
옷은 주인이 있답니다. 보살님이 입으니
딱 어울리잖우. 신데렐라의 유리구두처럼
그 후에도 예쁜 옷 골라서
싼값에 주는 인정 변함이 없네
아름다운 그녀는 나의 옷 어머니

옷가게 여사장은 참 이상해
왜 내게 예쁜 옷 그저 주고 싶은 걸까
전생에 내가 베푼 인정 되돌려 받는 것인지
새롭게 빚지는 것인지 알지 못 하네
아아, 그래도 좋은 세상
나눔이 있어 행복한 세상
검은색 정장이 너무 고급스러워서
보통 때는 차마 입지 못하는 옷
쳐다볼 때마다 미소로 행복한 옷
장롱 속의 즐거운 휘파람새
해맑고 아름다운 지저귐
따뜻하고 은은한 메아리를
나는 또 누구에게 나누어줄까!

아버지의 약손

아들자식 앞에서 손님처럼 구시는 아버지
왜 그러시냐고 안타까움에 딸이 물었다
자식한테 아무것도 해준 게 없어서
딸은 가슴이 아렸다

날마다 새벽에 일어나 마당을 쓰시던 당신
넓은 집안의 쓰레기를 구석구석 말끔히 청소하시고
낮에는 손자들의 공부를 가르치시던 할아버지
날마다 세탁기를 돌리고
어두운 눈에 바늘을 들고 며느리 대신
손수 당신 이불을 시침하시던 아버지
병든 아내의 요강을 비우시던 당신

아들집에 사시면서 노인이 그런 일을 손수 하시다니
딸이 친정에 왔다가 불현듯 보고 가슴 아파하면
며느리는 사무실에 출근하느라 바쁘니까
네 엄마는 오랫동안 환자니까
나라도 네 엄마 몫을 해야 하지 않겠니
부지런한 성품이라 한시도 노는 적이 없었다

당신 스스로 힘들고 무거운 짐을 지려 하셨다
남은 시간에는 조용히 독서하는 것을 즐기셨다

옛날 어린 두 딸을 데리고 양화점에 가셔서
빨간 가죽구두를 맞춰 신기시던 젊은 아버지
아내에게 날마다 멋진 선물을 안겨 주시며
유치원생 아들에게는 작은 권투 글러브를
선물하시며 부자가 원 투 스트레이트
재미있게 운동하시고 퇴근해 오실 때는
여섯 자식들을 위해 장난감처럼 예쁜 상자속
나마가시와 비싼 바나나를 사오셨다
도란도란 모여앉아 즐겁게 먹는 제비새끼들 보시며
그놈들 참 잘 먹는다 흐뭇한 표정으로
바라보기만 해도 함박웃음으로 배부르시던 당신

자식들이 배탈이 날 때마다
당신의 무릎에 누이시곤 부드러운 손길로
장시간 배를 쓸어서 체증을 낫게 해주셨다

공직에서 이십년을 열심히 일하고 돈 벌어
가장 도리를 충실히 이행하시다가 어느날 중병이
들어 건강을 잃고 가장노릇도 잃었다
세월이 흘러 노인이 되신 아버지

당신이 칠년간 휴양생활을 끝내고
건강을 되찾았을 때
어린 자식들 혼자 키워내느라
고생으로 찌든 아내가 병이 들었다
당신은 아내와 자식들 앞에
스스로 죄인이셨다
내 탓이다 내 탓이다 자책하셨다

넷이나 되는 며느리들을 편하게 해주려고
병든 아내의 수발을 힘들게 혼자 도맡으셨다
노인 부부가 따로 살면서도
어쩌다 비쭉 찾아오는 자식들에게
힘들다 투정 한번 하지 않으셨다
딸은 가슴 아팠지만 너무 먼 곳에 살아
마음처럼 자주 찾아가 뵐 수 없었기에
아버지를 생각하면 눈물만 흘렀다

재산을 남겨주는 것만이 부모의 유산이 아닐진대
물려줄 재산 없어 아들 앞에서 죄인 같은 아버지
구부린 어깨가 소년처럼 왜소해 보인다
어린이처럼 천진하고 순수하게 사시며
타고난 헌신적 성품으로 주변 사람들에게
평생을 도움 주면서 사셨건만

딸의 눈에는
존경심으로 보이는 성자 같은 아버지가
끝없이 주기만 하는 아버지가
자식들에게 아무것도 해준 게 없다 하신다
아버지는 아들 회사에서
궂은 일 스스로 도맡아하는
상머슴 일꾼이었다

아름답고 가슴 아픈 짝사랑 내리사랑
평생 자식의 밑거름으로
사시다가 돌아가신 아버지는
맑고 푸른 밤하늘 별이 되어
오늘도 변함없이 자식들을 지키신다.
　　　　　　　(2006년 8월 28일)

아들이 있었기에

5월에 외동아들 장가보냈다
며느리는 시집간 딸처럼 귀여운 여자
딸 하나 시집보내고
며느리 하나 얻었으니 공평하다

부모는 전혀 섭섭하지 않은데
맞벌이 직장 때문에
분가해 사는 것이 미안한 애들
여름 피서를 함께 가잔다
체중 무거운 아버지 어머니
뒷좌석에 싣고 운전하는
아들은 신이 났다
비만한 부모에게
계속 맛있는 것 들이대어 성가시지만
애들처럼 하하 호호 웃으며 소풍 간다

우리가 찾아간 밀양 얼음골 계곡
먼저 온 사람들로 알록달록
텐트들 눈부시다

여기 봐라, 찰칵!
계곡 물에서 노는 신혼의 아들 며느리
다정한 모습 카메라에 담고
물속에서 며느리와 얼싸안고
피래미 다슬기 잡으며
소꿉동무처럼 나도 엉긴다

부모도 다르고 성도 다르게 태어난
며느리를 보는 사람들은 내 딸이라 한다
시어미와 며느리
붕어빵 기계에서 찍혀 나온 것처럼
얼굴 생김새도 성격도 꼭 닮았다
하늘이 주신 인연에
아들 장가 보내놓고 날마다
행복한 여자

교통사고 수술 후에 시원찮은
왼쪽 다리라서 계곡물 건너다가
나는 몇 번이나 물속에서
뒤로 넘어진다
달려와 일으켜주는 아들
걱정스런 표정으로
다치지 않았어요?

젖은 옷 외에는 온몸이 멀쩡하다
아들은 울상이고 물에 빠진
어미는 깔깔거린다

물놀이 마치고 경사진 둑을 오르다가
또 뒤로 넘어진다
양손에 무거운 짐을 잔뜩 든 아들
아버지! 어머니 받쳐주세요!
아들은 몇 번씩 간이 콩알 만해진다
염려마라. 뒤에서 안전하게
보호하고 있다

아, 든든하게 보호해줄 남편 아들
있어 오늘 참 행복하다
가족 간 따뜻한 사랑
실감하게 해주는 비틀거리는
왼쪽 불구 다리도 고맙다

대형 교통사고에서
기적처럼 살아난 후에 느끼는
소중하고 눈부신 생명사랑
혼자 있을 때는 조심조심 잘도 걷는데
아들 앞에서는 미끄러운 계곡에서

자꾸만 넘어진다 마치 꾀병처럼
뒤로 벌렁 넘어진 모습으로
물속에서 깔깔대고 웃는
유치원생처럼 천진하고 철없는
어미 보면서 아들도 며느리도
안도하며 미소 짓는다

아들아
네가 있어 안심하고 자꾸 넘어졌나 보다
엄마 손 당겨주는 다정한 아들 보려고
혼자서도 낑낑대며 잘도 일어서는
오뚝이 같은 의지력 보여 주려고

아아 행복했던 하루
끈끈한 혈육 가족 간 사랑이
뜨겁고 눈부시게 얼음골 계곡을 밝힌다
길 잃은 나그네가 혼자 깜깜한 산길
헤매다가 불현듯 만난 화등잔처럼.

    (2006년 8월 13일)

사랑은 강물처럼

아버지 사십구재를 절에서 치른 후에
그리움에 가슴이 막막했었다
평생을 가족 사랑하시며
79세에 가신 아버지
아버지 사랑하던 둘째딸은
식음을 전폐하고 말을 잃었다

수십 일 동안 넋이 빠진 엄마를
애잔한 눈빛으로 바라보다가
아들은 밤 시간 차를 운전해서 엄마가
좋아하는 바닷가 백사장에 내려놓고
어딘가로 달려가더니
뭔가를 잔뜩 팔에 안고 왔다

마술사가 마술하듯
경건한 표정으로 기도하듯
눈앞에서 빙글빙글 꽃불을 돌린다
원을 그리고 좌우로 흔들어대고
모래사장을 이리저리 왔다갔다 하면서

춤추듯 그리는 가지가지 꽃불 그림
타닥 타닥 타닥 쉬익- 쉬익 -

혼불처럼 번지는 불꽃 비늘들
폭죽에 불을 붙여
어미 손에 쥐어주며 돌려보라고

눈앞에 환상처럼 그려지는 꽃불 보면서
엄마는 못 이긴 듯 미소 지었다
아들의 아름다운 미소에 전염되어
눈에는 눈물, 입에는 미소
백치처럼 하얗게 웃었다

할아버지는 평생 선량한 분이었으니
꼭 하늘나라 신선이 되셨을 거예요
가신 아버지를 그리워하는 딸과
사랑으로 어미를 위로하는 아들

한류와 난류가 만나고
밤 바닷가에 아름다운 그림을 그린다
사랑이 윤회 되어 흐른다

맑은 밤하늘에 흰 구름이 흐르고
신선처럼 구름을 타신 아버지
니 아들이 너를 닮았구나
흐뭇한 표정으로 웃고 계셨다

아버지… 아버지…
딸은 아버지께 유아처럼
불꽃을 올리고
아들은 어미에게
꽃불 사랑을 바친다

울지 마세요
백 마디 말보다
더 짙고 뜨거운 아들의 어미 사랑
엄마가 웃자 아들도 안도하며
미소 짓는다.

(2003년 10월)

낙엽

이제 너를 보낸다
바람에 구르고 굴러
네 몸이 부서질 지라도
너를 떠나보내지 않을 수 없다
단풍 들어 오색 빛깔로 떠나가는
너의 자태는 아름답다

우리들 지나간 사랑의 추억에
가슴속으로는 눈물짓지만
왜 나를 버리느냐고 항변하는
너의 쏘는 듯한 눈빛을
보지 않으려고 눈을 감는다

세상으로 나가 수많은 것들과 부딪혀라
추위에 떠는 고통, 가난의 슬픔
병을 앓는 이들의 신음소리
버림받은 자들의 눈물

또 너무 많이 가진 자들의
탐욕과 이기심도 눈여겨보아라
가진 자에게 필요 이상으로 관대하고
못가진자들에게 혹독하게 구는 지배자가 있거든
세찬 바람이 되어 그의 눈과 귀를 깨우쳐라
우리는 나무일지니
푸르름과 생명을 주는 나무일지니
나무를 떠나서는 자유로이 떠도는 바람일지니

세상살이에 부대끼면서 진정한 사랑을 배우거라
너 또한 고통 속에 다져져서 아름다워지거라
네 몸을 소지 삼아 불꽃으로 승화 시켜
더 높은 곳으로 날아올라라

너의 몸이 부서져 가루가 될 즈음에는
새로운 영혼으로 부활하라
마지막 남은 씨앗 하나는
땅속에 깊이깊이 묻어두어라

세상 사람들이 모두 너의 존재를
잊어갈 즈음에 어두운 땅속으로부터
솟구쳐 올라 새 생명으로 승천하는
찬란한 모습을 보여 달라

새로운 세상을 향해
힘찬 두 팔을 뻗어라
우리는 또 새로운 나무일지니
싱그럽게 생명을 노래하는 나무일지니….

바다와 비둘기

그 새가 왜 바다로 갔는지
아무도 알려고 하지 않았다
그가 왜 바다에서 깃을 접었는지
아무도 알려고 하지 않았다
갈매기들이 떼 지어 놀다 간 백사장에
비둘기는 혼자 남았다

바다가 태풍으로 파도를
산처럼 일으켜 광란하는 날도
새는 바다를 떠나지 않았다
파도에 파묻혀 존재를 상실했다가
안타까움으로 바라보면
그는 물에 흠뻑 젖은 모습으로
가는 다리를 오들오들 떨고 서있었다

바다가 그에게 무엇인지 알 수 없었지만
새는 고난을 이기면서 차츰차츰
바다를 닮아가고 있었다

한 소년이 나타났다
그는 외로운 비둘기를 오랫동안 지켜보았다
소년은 다음날부터 강냉이를 준비해 와서
비둘기에게 나누어주었다
소년은 엄마를 잃어버린 외톨이었다
떠나간 엄마 대신 비둘기를 빈 가슴에 품었다

하얀 깃털이었던 새가
물빛 닮은 파란 새가 되어가고 있었다
그것은 바다를 향한 새의 짝사랑이었다
소년이 집으로 돌아가면
비둘기는 인어공주 어깨 위에서 놀았다
바다가 좋았다. 철썩이는
파도소리도 좋았다
하늘과 바다를 가르는 수평선을 보면
먼 그곳까지 가보고 싶었다
평화란 느낌이 비로소 가슴에 와 닿았다

구구구구 구구구구구----
기분이 좋아진 새는 꾀꼬리처럼
맑은 소리로 노래를 불렀다
단 한번 우는 천상의 새소리로

태풍이 불고 간 다음날
소년은 또 바다로 갔다
인어의 꼬리 옆에 이상한 물체가 보였다
화석이 된 비둘기
몸집이 투명하고 파란 수정비둘기였다
소년은 강냉이를 수정비둘기 앞에
내려놓았다

파도에 떠내려가는 새를
한사코 붙잡은 것은 인어의 영혼이었다
고독과 슬픔을 먼저 알았던 비둘기는
외로운 인어공주를 지키는 수문장이 되었다
수정비둘기의 맑은 눈이 보석처럼 반짝였다
새는 행복해 보였다

구구구구 구구구구구-----
천상의 새소리를 소년도 들을 수 있었다
아름다운 새울음 소리에 소년은
주변 숲과 하늘을 올려다보았다
인어공주가 엄마의 얼굴로 변신했다
이제는 소년이 푸른 바다가 되어가고 있었다.

새벽일기

새벽안개 속을 걷는다
오소소한 냉기에 바바리코트 깃을 여민다
밤기차를 타고 와 이제 막 종착역의
플랫홈에 내려선 여행객들이
우르르 몰려가서 철 계단을 오른다
자다 깬 피곤 탓인지 군중들은
한마디 말이 없다
나도 지친 나그네처럼 그들 속에 휩쓸린다
수조 속의 열대어가 떼 지어 헤엄쳐 가듯
유영하는 사람들 모습에서
삶의 애환이 묻어난다

안개인지 새벽이슬인지 모를 습기가
옷자락을 휘감고 따라오는데
역 건물을 벗어나면 다시 어둠 속이다
어둠과 살포시 손을 잡는다
어둠은 부드러운 손길로 지친 영혼을
다독거린다

오렌지 빛 가로등과 흐릿한 실루엣이
환상도시인 양 묵시적이다
한동안 육교 위에 머물렀다
차고 매운 낙동강 바람이 뼛속까지 상쾌하다
강은 무명 띠를 두르고 엎드려
쥐 죽은 듯 교교하다
강물은 역사처럼 유유히 흘러가고 있다
소리 없이 흘러 흘러서 먼 피안까지 닿으리라
나를 우리 동네 빈 도로에 떨군 버스는
미련도 없이 떠나간다
무슨 향기일까?
아슴하게 코끝에 와 닿는 것은
바람 냄새 같기도 하고
나무들이 꾸는 꿈 냄새
같기도 한 알 수 없는 향기

새벽길을 한가롭게 걸어본 기억이 없는데
서울여행에서 밤기차를 타게 된 일과
신 새벽의 사색이 소중한 즐거움으로
가슴에 남는다

언덕 위의 우리 집이 시야 가득 잡힌다
긴 여정에서 돌아오는 지친 나그네처럼
집 앞의 가로등 불빛이 반갑다
깊은 잠에 빠진 창이 암흑처럼 어두우면 어떠랴
내 가슴에 먼저 촛불을 켠다
집을 떠나본 사람이라야 집의 고마움을 안다
돌아가면 다리 뻗고 편히 쉴 곳이 있다는 것은
얼마나 행복한 일인가
그것이 비록 작고 협소한 둥지라 할지라도
가족들의 잠을 깨우지 않기 위해
가만가만 현관 열쇠를 꽂으리라
그리고 내일은 더욱 사랑하리라
새 날은 새롭게 맞아야 하느니

여명의 시간
가지 뻗은 나무 밑을 지나는데
작은 벌레들의 꿈틀거림 마냥
머리 위에서 새움 트는 소리가 바스락댄다
조금 전 향기의 발산지다
곧 봄이 오려는가 보다.

폭풍우 속에 핀 고행꽃

아득한 곳에서 달려와
소용돌이치며 불어대는 바람
잿빛 바다는 몸을 뒤채면서
부글부글 끓고 있었다
세찬 폭풍우 속에서 들판의 부처님 발아래
무릎을 꿇고 엎드린 여인이 있었다

동해를 지나온 태풍이 폭우로
강릉 낙산사의 높은 언덕에서 한 차례
더 심한 진저리로 회오리바람을 일으키며
주변 숲을 뒤흔들어 놓을 때도
여인은 해수관음상 발아래 엎드린 채
바위처럼 꼼짝하지 않았다

화강석으로 된 바닥에는 질펀히 물이 고여 있어
가운데 납작 엎드린 여인이 마치
연못 속의 거북 상처럼 보였다
해수관세음보살의 시선이 애잔한 눈빛을
하고 발아래 여인에게 박혀 있었다

보살상이 손에 든 약병에서
감로수가 여인을 향해 뚝뚝 흘러 내렸다
관세음보살의 눈물인지도 모른다고 생각될 만큼
빗줄기는 두 뺨으로도 타 내리고 있었다
엎드린 여인도 그녀를 내려다보고 선
관음상도 무아의 경지에 빠져 있었다
폭풍우의 존재 따위는 그들에게
아무것도 아닌 듯이 보였다

한 식경이 지나서야 여인이 고개를 들었다
뻣뻣한 무릎을 펴고 일어난 여인의 눈빛은
수정처럼 맑아져 있었다
젖어서 후줄근해진 초라한 모습과는 달리
해탈한 수도자처럼 평온해 보였다

여인이 처음 기도를 시작했을 때는
아무도 없었던 비바람 속에
어느새 우산을 쓴 사람들이 여럿이
몰려와 서있었다
폭풍우가 기세를 누그러뜨리자
산책을 나온 근처 호텔에 묵고 있던
가족 피서객들이었다

그들은 한참동안 여인을 지켜보면서
말없이 서있었던 것이다
세찬 비바람 속에서 석고처럼 납작
땅에 엎드린 여인의 별난 행동을 보고
누구 하나 입을 여는 사람이 없었다

그녀가 기도를 마치고 일어섰을 때
내려오는 계단 입구를 틔워주느라
무의식적으로 주춤주춤 비켜섰을 뿐이다
주루루 뒷걸음치는 그들의 행동은
아름다운 부채춤의 너울 같았다

노란 비옷을 입은 소녀가
여인을 손가락으로 가리키며 뭐라고 말하려 하자
곁에 선 아빠가 소녀의 어깨를
지그시 누르며 제지시켰다
거룩한 침묵을 깨트리지 말아라, 애야.
아빠는 눈빛으로 그렇게 말하고 있었다
옆 사람들도 눈빛이 경건해져 있었다
빗줄기가 또 한 차례 휘몰아쳤다
여인은 다리를 절뚝거리면서 폭풍우 속을
혼자서 걸어갔다

등에 작은 배낭을 맨 여인이
한 잎 낙엽처럼 작아 보이다가
갑자기 우람한 바위처럼 커 보이곤 했다
동해바다에는 벌건 황톳물이 키를 세우며
넘실대고 있었다.

언덕 위의 정자 가까이 다가서자
돌개바람이 여인의 몸 하나쯤
쉽게 날려버릴 수도 있다는 듯이
쉬익 - 쉬익 무서운 휘파람 소리를
내며 아귀처럼 달려들었다
얇은 비옷이 따르르르륵 따발총을 쏘아대듯
허벅지를 강타했지만 여인은 휘청거리면서도
넘어지지 않으려 안간힘썼다
폭풍우 치는 망망대해에 떠있는 일엽편주 같이
혼자서 비바람과 사투를 벌이고 있었다
사지를 버둥거리며 그녀는 연방도
위태위태해 보였다
자신의 의지와는 상관없이 허무하게
바다 쪽으로 떠밀려 가기도 하고
절벽에 떨어질뻔 하기도 했지만
그녀는 정자 기둥을 붙잡고 한사코 매달렸다

기둥에 매미처럼 붙은 그녀를 짓궂은
돌개바람이 팽이처럼 빙그르르 맴을 돌렸다
집채라도 집어삼킬 듯 날뛰는 성난 파도를
보면서도 쉽사리 그곳을 떠나려하지 않았다

어느 날 여인은 가벼운 배낭 하나 달랑 메고
먼 먼 여행길에 올랐다
영육의 무거운 병을 치유하기 위해
나태한 일상과는 다른 삶을 찾아서 훌쩍
물처럼 바람처럼 길을 떠났다

병든 몸이었지만 몸을 아끼지 않고
밤낮 없이 원주 복지단체의 봉사자로 일했다
낮에는 리어카로 이불을 가득 싣고
냇가에 나가서 장애인들 이불을 빨았고
밤에는 병든 어린 아기를 등에 업고 마당에서
밤새워 불쌍한 아기의 병을 낫게 해달라고
부처님께 눈물로 간절히 기도했다
날이 새면 아기의 병이 거뜬히 나았다
여인은 몇 날을 계속 과로해서 몸살이 났지만
밤새 열이 나던 아기의 병이 나은 것을 보면서
행복감으로 부처님께 또 감사기도를 올렸다

고독한 구도자 같은 여행에서
돌아온 후 여인은 자신도 모르게
일년이 넘도록 오래 못쓰고
고생했던 오른팔이
깨끗이 치유되어 있는 기적을 보았다
힘센 남편이 술 취해서 잡아당긴 어깨뼈가
일년전에 빠지고 살이 차버려서
오랫동안 덜렁거리던 팔이었다
그 팔을 낫게해 주신 것은
낙산사 해수관음상의 위대한
가피력이었다

고통을 온 몸으로 끌어안고
신 앞에 육신을 불사르며
눈물로 피워낸
고행꽃 투명한 향기였다.

겨울여행
- 설국 雪國

밤 시간 도시를 탈출했다
부산에서는 실종된 겨울눈을 찾아서
한겨울 정동진 새벽을 찾아가는 여행이다
고속도로를 달려가는 버스 속에서 잠을 잊었다
뇌 속은 푸르고 청정하다
검은 차창에 어리는 실루엣이 침묵 속에
흔들린다

한참을 사색에 빠져 있었는데
어느새 잠이 들었던가 보다
찌뿌드드한 몸을 뒤채면서 부스스 눈을 떴다
안개처럼 희뿌연 기운이 주변을 휩싸고 든다
차창 밖이 환해서 눈여겨보니
아! 눈! 태산 같은 눈이다
차는 어느새 죽령고개 주변을 지나고 있다
눈은 왜 사람의 마음을 평화롭게
하는지 생각한다

눈은 왜 새털처럼 보드랍고
어린이가 어머니 품에 안긴 것처럼 포근한지
눈을 보고 있으면 왜 마음이 맑아지는지
티없는 어린이 마음이 되는지
그를 보면 왜 은은한 미소가 피어나는지도
눈을 반기며 손을 내밀었다

냉정한 유리가 우리의 악수를 훼방 놓는다
창살을 사이에 두고 아쉬움을 나누는
영어圄의 사람처럼 유리창에 부딪히는
함박꽃 눈송이를 간접 체험 한다
의식을 맑히려고 볼을 차창에 대자
눈의 요정이 내 뺨을 가만가만 어루만졌다
차가웠지만 정다운 인사였다
밤 깊은 시간 정령은 더 맑고 투명하게
살아서 빛을 발했다

잠들었다가 그 시간 눈을 떴던 것이
참으로 행운이었다
죽령고개를 지나자 눈은 봄날의 신기루처럼
눈앞에서 모습을 감추었기에
눈의 요정이
나를 흔들어 깨운 건지도 모르겠다

달리는 차는 영원을 향해 간다
창밖에 스치는 풍경들이 우리네 인생 같다
차갑지만 아름다운 눈
바람과 합세하면 눈보라로 노도처럼 밀려온다
눈물 같은 비는 마음을 적시고 인생을 적신다
깊은 밤 눈을 보면서 나는 수도자처럼
묵상에 잠긴다

비바람 치는 새벽에
정동진 모래시계를 구경했다
커다란 둥근 북 같은 그것을 두드리면
길고 긴 메아리가 하늘까지 가서 닿을까
피부를 때리는 칼날 바람을 그곳에서
만났던 기억
훗날 그곳의 겨울은 아름다웠다고
얘기할 수 있을까
정동진의 겨울을.

어머니

머리를 커트한 날
남편이 식탁에서 웃었다
꼭 장모님 같네
거울 앞에 달려가서 보았다
그 속에 반백의 어머니가 서있다

어머니를 절대로 닮지 않으리라 했건만
왜 어머니가 내 안에 있는가
나는 왜 명문가에서 태어난 어머니가
남자 같은 성격이라는 이유로
당신을 사랑하지 않았을까
위기 앞에서 女전사 같은 강인한 모습으로
나서는 것을 왜 그때는 이해하지 못했을까

당신이 자식들을 많이 낳아놓고
가장이 병들어 멀리 요양을 떠나자
무거운 짐을 내게 지게 한다고
속으로 어머니를 원망했을까

많은 자식들 중에서 왜 내게만
진학도 못하게 막으면서 희생을 강요하는지
수많은 형제들의 보호막 노릇을 해야 하는지
자식을 편애하는 어머니를 이해할 수 없었다
스스로 자청해서 진 십자가였음에도

집에 일거리가 태산인데
학교에서 늦게 왔다고
도서관에서 책을 읽고 왔다고
호되게 꾸중하시던 어머니
여중생 어린 나이임에도 잠시의
쉴 틈을 주지 않았다
밥보다 좋아하는 책을 읽고
늦게 온 것이 그렇게도 죄인가요
빈방에서 눈물 흘리면서
밥을 계속 굶는 것으로 저항했었다

나는 훗날 딸자식 앞에
내 어머니 같은 여자는 안 되리라고
다짐했었다

눈물 많던 시절
소녀는 실어증처럼 말을 잃어갔다

가난의 고비 길에서 당신은 나보다
백 배 더 힘들었다는 것을 몰랐다
내 고통만 크게 보였다
소녀가장의 맹목적인 희생은
훗날 내 인생에까지 긴 세월
암울한 그림자를 드리웠다
한 번도 나 자신을 위한 인생을 준비하고
대비하고 생각해보지 않은 탓이었다

출가해서 힘든 고통 속에서도 이를 악물고
딸자식을 최고학부까지 공부시켰다
딸이 대학입시를 치를 때는
밤새워 한 자 한 자 끝까지 사경한 팔양경을
속옷처럼 입혀 보내고 시험을 치는 동안
엄마는 밖에서 눈물로 부처님께 기도했다
딸이 부산대학 장학생으로 입학하고
졸업했을 때 내 가슴속 한을 눈물로 풀었다

희생양으로 살아온 지난날이 억울해서
어느 날 어머니에게 항변했다

여러 자식들 중에서 유독 내게만 왜
그랬느냐고 내 삶에 잔뜩 지쳐서
울분을 터뜨리고 있을 때였다
"너는 다른 자식들 하고는 달랐으니까
믿고 의지할 만했으니까
너는 내게 자식이 아니라 스승이었다
내가 너무 많은 짐들을 지웠구나
미안하다. 어미가 부족해서……"
어머니는 눈물로 속을 털어놓았다

열린 가슴으로 보면 어머니는
좋은 점이 훨씬 많은 분이었다
불우한 이들을 가슴에 품어 안는 따뜻한 인간애
부정을 보면 눈감지 못하는 대쪽기질
자식들의 위기 앞에서는 목숨을 걸고
지켜내던 뜨거운 사랑과 용기들

많은 자식들을 건사하느라
지난 시절의 고생 때문에 늙어서 병든 어머니
잠자지 않고 죽어라 일했던 습관 때문에
악성 불면증으로 고생하시는 어머니
오랜 병원생활로 야윈 어머니의 손을 잡는다
교류하는 체온으로 심장의 소리를 듣는다

나 역시 해준 것보다 더 많은 사랑을
딸로부터 받고 있으면서
그때는 어머니를 이해하지 못했다
내 딸도 지금 내게는 스승이다

용서하소서. 어머니
당신을 사랑하지 않는다고
도리질을 쳤었지만
그것은 아픈 사랑이었습니다
어머니를 꼭 빼닮은 내 모습이
그것을 말해주고 있습니다

철없던 시절을 참회하며
무릎을 꿇고 싶습니다.
어머니, 당신을 사랑합니다, 어머니!

(2006년 5월에)

아버지의 눈물

아버지, 하늘에 계신 아버지께 편지를 씁니다
오래도록 간절히 원하던 딸 수연이에게
아버지께서 태기를 주신 것을 무한히 기뻐합니다
삼년동안 시댁 가족들이 일심으로 공을 들였는데
쉽지 않았습니다

어느 날, 저와 딸의 꿈속에 동시에
아버지가 나타나셔서 외손녀에게 아기를
점지해 주셨습니다
아버지가 코모도 공룡 새끼를 손으로 만지고
계시는 옆에서 저는 아기를 업고 서있었습니다
그 즈음 수연이도 꿈속에서 외할아버지를
보았다고 했습니다

동시에 저와 수연이 꿈속에 나타나셨지요
그런 후에 딸에게 바로 태기의 징후가 나타났지요
손꼽아 기다리던 생명, 귀한 선물
엎드려 두 손으로 잘 받습니다

아버지의 눈물을 생각해봅니다
어려운 시험에서 제가 부산여중에 입학하던 해
이십여 년 공직에 계셨던 아버지가
과로로 인해 오랜 요양을 필요로 하는
중병이 들고 가장노릇을 못하게 되시면서
그때부터 우리 집의 가난이 시작되었습니다

어머니는 언니를 제쳐두고 저를 소녀가장으로
대들보 노릇 하라고 짐 지워주셨지요
저는 일곱 형제들의 둘째딸이었고
다섯 동생들은 모두 초등학생이었습니다
동생들을 공부시키며 맡은바 임무를
수행하느라고 하고 싶은
제 공부는 뒷전으로 제쳐야 했습니다

그러나 갖은 고통 속에서도
칠전팔기 정신으로 각박한 현실을
딛고 일어섰고 일찍부터 자립정신을
키우면서 어릴 때부터
꿈꾸었던 작가가 되었습니다
고통스러웠던 경험들이 제게 수많은 글을 쓰게 했고
밤잠을 아끼면서 누구보다 열심히 글을 썼습니다

1998년 국사편찬위원회가 발행한
〈한국을 움직여온 대한민국 현대 인물사〉
연감에 올랐던 날
저는 묵직한 그 책을 경차에 싣고 운전해서
시골 언양에 사시는 아버지를 뵈러 갔습니다
사랑하는 아버지께 제일 먼저
그 소식을 알리고 싶었으니까요

아버지는 연감을 소중하게 손으로 쓰다듬으시며
경건한 표정으로 고개 숙인 채 말이 없었습니다
마치 굳어버린 석상 같았습니다
저는 그때 놀랐지만 차마 아버지의 침묵을
깰 수가 없었습니다

다음날 어머니가 제게 전화를 하셨더군요
"니가 가고 난 후에 아버지가 통곡하시며
많이 우셨다. 나 때문이다. 나 때문이다
내가 병들지 않았더라면 옥이를 공부 많이 시켜서
국회의원도 만들 수 있었는데
여러 자식 중에서 가장 두뇌가 좋은 아이였는데
마산 성호유치원에 다닐 때 유치원 원장님이
내 직장으로 찾아오셔서
원생들 아이큐 검사에서 역대 최고로

가장 우수한 점수를 받았다면서,
이 아이를 잘 키우십시오. 나중에 나라를 위해서
큰일을 할 것입니다 하셨는데, 역시 그렇구나
하시면서……"
어머니의 전화를 받으면서 저는 너무
가슴 아팠습니다

아버지, 아닙니다
제게 그런 고난의 역경이 없었더라면
자수성가와 강한 의지로 피나게
일어서지 않았더라면 저는
그런 연감에 오르지도 못했을 겁니다
호의호식하면서 보통여자밖에 되지 못했을 겁니다
일찍부터 자립심을 가르쳐주신 아버지 덕분입니다
저를 큰 그릇으로 키우기 위한 신의 뜻인지도 모릅니다

아버지의 뜨거운 눈물은
오랫동안 가슴속 진주처럼 남아서
시시때때로 영롱한 보석처럼 빛나고 있습니다.
그 생각을 할 때마다 저도 울게 됩니다
무슨 일이든 최선을 다하시던 아버지의
정신적 유산을 고스란히 물려받았습니다

아버지는 책을 좋아하셨기에
역사소설이나 양서를 많이 읽으시고는
감명 받았던 내용이나 장면을 제게
들려주시곤 했습니다

〈삼국지〉 이야기 속 관우의 유비 형님에 대한
해바라기 사랑에 감동받고 눈물 흘렸다고 하셨지요
또 〈자고 가는 저 구름아〉 책을 참 감명 깊게
읽었다고 말씀하셨습니다
그래서 저는 그 책을 구해서 읽어보려고
여러 곳에서 찾았지만 없어서 읽지 못했습니다
아버지는 바른 생각을 가지신 분이기에
권해주시는 책이면 전부 좋은 작품일 테니까요

〈겨울 해바라기〉 제 책도 운전하시는 경차 안
조수석 트렁크에 소중하게 넣어 두시고는
틈날 때마다 꺼내 보시는 듯 했습니다
오래된 책이 햇볕에 누렇게 바래 있었지요
발간한 지 십년도 넘은 책이었습니다
그것을 보면서도 저는 내놓고 감사함을
나타내지 못했네요.
말이 없었던 내성적 성격 때문입니다

어린이 같은 순수함을 지녔던 아버지
누구에게나 인자하시고 따뜻한 표정으로
좋은 남편, 좋은 아버지, 좋은 이웃이었던 아버지
저도 순수한 아버지 같은 인생을 살고 싶습니다

오늘 문득 아버지가 그립습니다
하늘을 향해 아버지를 가만히 불러봅니다
영혼으로 어디든 가실 수 있다면, 살아생전
어머니하고 오셨던 것처럼 우리 집에
놀러 오시지 않겠습니까
아버지가 오실 수 없다면 제가
추모공원으로 아버지를 뵈러 가겠습니다
봄이 무르익어 가는 지금 그곳에도
꽃들이 다투어 피어나겠지요

그 꽃들 속에서 부녀가 마주앉아
술 한 잔 하십시다
아버지와 저는 평생 술을 마실 줄 모르지만
자연 속 풍경을 안주 삼아서요
눈부시고 고운 꽃 이파리들이
나비처럼 폴폴 날아서
술잔 속에 사뿐히 내려앉겠지요

한 잔 술에 흥이 오른 저는 아버지 앞에서
유치원생처럼 노래를 부를 겁니다

   해가 뜨나 해가 지나 오직 한마음
   비가 오나 눈이 오나 오직 한마음
   자식 하나 잘되기를 오직 한마음
   마음으로 빌고 비는 오직 한마음
   아버지, 말씀은 없어도
   높으신 그 뜻 어이 내 잊으리
   아버지, 말씀은 없어도
   깊으신 그 뜻 어이 내 잊으리 잊으리
   해가 뜨나 해가 지나 오직 한마음
   비가 오나 눈이 오나 오직 한마음

아버지, 존경하고 사랑합니다
당신은 언제까지나 제 가슴속에 살아계십니다.
                    (1999년 10월)

불타는 지구

지구가 이상하다
지구가 화났다
날마다 이상하다

화산 폭발로 쌓인 분노를 표출하고
산 땅속에서 불이 비죽비죽 올라오고
땅 껍질이 출렁출렁 춤추고 있다
건물이며 자동차들 사람들까지
홍수가 휩쓸어 가고
때 아닌 폭염으로 사람들이 죽어나고
11월 하순인데 봄꽃이 피고
겨울바다에서 희희낙락 좋다고
해수욕하는 사람들
이변을 두려워하지 않는다

가을철 맑은 날 오후 네시 반인데 캄캄하다
밖에 나갔다가 놀라서 외출을 접고
기분이 나빠서 그냥 집에 온다
참으로 이상하다 이상해

침묵으로 분노하는 지구의 시위를
둔한 사람들은 나 몰라라 하면서
미망을 헤맨다

풀 먹는 토끼가 육고기를 먹고
멧돼지가 식당 손님들 식탁으로 뛰어들고
중학생이 마약을 팔고
음료수에 마약을 넣어서 판매 한다
술집에서 마약 술로 손님을 후린다
떼거지로 모여서 뿌연 연기 속
마약 먹은 사람들이 헤롱거린다
칼을 들고 거리로 뛰쳐나와
묻지마 칼부림으로 춤추는 괴한
부부싸움 하다가 남편이 밉다고
생후 육개월 어린 아들을
15층 창밖으로 집어던진 여자
추악한 악마의 껍질을 쓰고 있다
악마도 놀라서 기절할 노릇

왜 이러나 세상이 왜 이러나
종교는 그것을 말세라 했다
난데없는 사고로 떼로 죽어난다
꿈인지 생시인지 아리송하다.

아름다운 사람들
- 의사와 약사

약은 적게 주고 말을 많이 하는 의사가
좋은 의사다
오래전 옛날부터 들어온 얘기
실천하는 의사가 귀한 세상
약사도 마찬가지다
"관절염 약 오래 먹으면 안 되니까
좀 아파도 참고 견디세요"
약국에서 할머니는
"그 약 먹으니까 좋더라고요"
하면서 자꾸만 달라 하는데
약사는 시큰둥하게 등 돌리고 있다
그 얘기 들으면서 나는 눈이 반짝 빛났다
약사에게서 착하고 선한 천사를 본다

먹던 약을 세 가지 종이에 적어가서
처방해 달라고 했지만
의사는 두 가지를 빼고
한 가지만 처방해 주었다
소화제도 계속 먹으면 부작용 생긴다고

시골이라 병원은 멀고
병원에 자주 오면 돈이 비싼데
불만스러운 표정으로 말없이 나왔지만
나중에야 알았다
그 의사가 좋은 의사임을
간판을 보니 훼밀리 병원
환자들을 가족처럼 사랑하는 의사였구나!
약물부작용이 있는 내게
양약은 적게 먹는 것이 건강에 좋다는 것을
무언으로 가르쳐준 사람
진실을 보았고 뒤늦게 감동했다

의사가 부족한 나라
환경이 열악한 아프리카 후진국에서
병든 환자들을 무료봉사 치료하는 의사들이
히포크라테스, 슈바이처, 테레사 수녀,
나이팅게일처럼 박애정신 아름다운 천사들이다
천사들이 물속 진주처럼 곳곳에 있다
그래서 세상은 살 만하구나
뉴스를 보노라면
악이 곳곳에서 활개를 치고 있지만…
나도 천사로 살고 싶어라.

체질

음식을 진수성찬으로 먹고
고급 음식을 자랑하는 남자 옆에
삼천원짜리 칼국수가 맛있다는 친구
이십육만원짜리 진수성찬과
삼천원짜리 칼국수가 입씨름하고 있다
그것을 구경하면서 보니
삼천원짜리는 욕심 없이 눈빛이 맑고
이십육만원짜리는 욕망으로 눈빛이 흐리다
검소하게 먹는 사람은 병이 없는데
고급 음식 고칼로리는 암을 부르고 있다
못 먹고 잘 살자
가난하게 먹고 건강하게 살자
누구나 알면서도 실천하기 어려운 화두

밀가루를 즐겨먹는 나를 보고
얼굴을 찌푸리는 사람
같이 밥 먹으러 갈 때 나는 면으로 하자하고
밀가루를 먹으면 신물이 올라온다면서
극구 피하는 형제들

나는 날마다 밀가루 음식을 먹지만
신물이 올라온 적은 없었다
그런 나를 이상하다고 핀잔한다
나는 양인이고 그들은 음인 체질
양인은 상체가 건강하고 위장이 튼튼하다
음인은 상체가 약해서 위장도 약하다
사상체질의 양인과 음인
먹는 음식도 기호식품도
백팔십도로 다르다

양인 체질은 귀하지만 지도자들 중에 많다
상체가 건강하니 두뇌도 명석하다
부부가 각각 양인 음인이면
음식으로 부조화 먹거리로 다툰다
밀가루가 무조건 해로운 음식은 아니다
양인의 식성을 바꾸려 하지 말라
왕의 DNA
뉴스에 그런 사건이 있었다
역시 밀가루를 좋아하는 체질
그 어린이를 왕처럼 대하라 했다
귀한 자식일수록 엄하게 키워야 하거늘
그런 기사를 보면서 한번씩 웃는다.

이성호 박사님

성자처럼 고마운 의사 선생님 있었다
부산 괴정의 피부과 전문의 이성호 박사님
내 사무실 바로 옆에 있었던 세탁소가
드라이기계 청소한다고 쓴 황산 때문에
황산중독증에 걸려서 갈색 피부로
절망에 빠져서 만난 분이었다
온몸이 폐인처럼 상해서 죽고 싶었던 내게
병 치료는 물론 정신치료까지 해주시던 분
그때부터 삼십 년 내 주치의가 되었다
의사가 친절하면 환자는 얼마나 힘을 얻는가

중병을 앓으면서 세상이 싫어질 때
그런 의사들이 내게 힘을 주었다
무서운 불치병이 들었지만
가난해서 치료비도 없었던 나를
자청해서 한 두 달 무료치료 해주시면서도
늘 따뜻한 미소로 대하시던 남다른 인품
내 눈물도 사랑의 손으로 닦아주셨다
그분들이 히포크라테스 슈바이처 부처님이었다

삼 년 동안 많은 약을 처방받았지만
과민성 체질인 내게 한 번도 부작용이 없었던
약들 그만큼 의사로서 실력이 빼어났다
"내가 날마다 먹고 있는 약이랍니다"
약을 기피하는 내가 그 약은 겁나지 않았다
불치 황산중독증을 삼년 후에는 깨끗이 낫게 해
주시면서 기다리는 인내심도 가르쳐주셨다
그분을 보면 명의 허준, 스승 유의태가 생각나기도
사랑과 정성도 함께 해서 하늘도 도우셨다

환자들을 볼 때마다 얘기를 많이 했다
조심해야 할 음식들도 친절하게 일러주셨다
그 병원에는 갈 때마다 환자들이 많았다
인정스러움이 늘 한결같았다
어린이처럼 손익계산에는 어두운 사람
순박해서 세상 때가 묻지 않은 사람
어느 여의사는 그를 촌사람 같다고 했다
여의사들도 그분을 존경했다
빼어난 실력으로 장기간 방송 출연 하시고
미국에 출장 가서 의학 강의도 육개월씩 하셨다
천식으로 과민성인 내가 또 병들었을 때
그분이 병원에 안 보였을 때
애타게 이성호 박사님을 찾아 헤매었다

간호사에게 물어도 함구하기만
괴정 지역 주변 약국 병원들에 그분의 행방을
수소문하고 다닐 때 사람들이 얼마나
그를 아끼고 사랑했는지 뒤늦게 알았다
슈바이처 박사처럼 환자들을 사랑으로 보살피다가
척추를 다쳐서 미국에 가서 치료 받으시고
돌아오신 후에 올해 봄에 이승을 타계하셨다고
장수하는 사람들도 많은데…
아직 중년이고 한창 일할 나이인데…
내 가족 피붙이를 잃은 것처럼
쏟아지는 눈물로 거리를 걸었다

아아 그런 아름다운 사람을 언제 또 만날까
그분은 하늘나라에서도 아낌을 받을 존재
위인 형이었다 일요일에 절에 가시는 불자였다
이성호 박사님은 지장보살이었을까
부처님 나라에서 왕생극락 하시옵소서…!
      (2023년 10월에)

천사들이 있기에

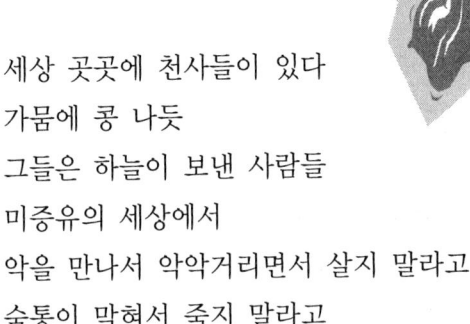

세상 곳곳에 천사들이 있다
가뭄에 콩 나듯
그들은 하늘이 보낸 사람들
미증유의 세상에서
악을 만나서 악악거리면서 살지 말라고
숨통이 막혀서 죽지 말라고
하늘이 보낸 사람들

나를 긴 세월 보호하고 가까이 살면서
자청해서 도와주는 착한 양아들도 있다
그와 나의 인연도 예고 없이 찾아왔다
수호신이 내 곁에 보내주신 존재
긴 세월 착한 마음씨가 한결같다

그런 사람들이 주변에도 있다
어진이 천사를 만나면 행복하다
미소가 말하고 행동이 말하고
바보처럼 착한 성품이 말한다
그런 천사들 때문에 내가 살고 있다.

지구의 변화

지구가 언젠가부터 축을 세웠다
덩달아 기후도 변했다
축이 사선 모양일 때는
지구가 공전과 자전을 거듭하면서
지구 아래 그늘진 곳이 있었기에
살기 좋은 봄, 가을도 있었는데
한국의 삼한사온이 없어지고
봄, 가을은 있는 듯 없는 듯 짧아지고
여름에는 열대성 혹서에 소나기
겨울은 한대 같은 혹한
세상이 꽁꽁 얼어붙었다
겨울에 커다란 우박이 쏟아진다
지구의 질서가 사라졌다
동지, 하지도 예전과 달라졌다
동지가 밤이 가장 길지도 않고
하지가 밤이 가장 짧지도 않다
낮 시간 세상이 컴컴해서 무섭다
코로나가 나타나서 수많은 인명을 앗아가고
삼년이 넘었지만 사라지지 않는다

지구상 인구를 조절하는가
지구의 축이 서면서
한국의 온대는 사라졌는가
혹서에 고가사다리가 녹아서 내려앉고
철로도 우불구불 열차가 탈선하기도
인간들이 순수성을 잃어가니까
지구가 노했나 보다

1월에는 샛별 화성이
가장 가까이 있다
별 하고 가만히 불러보면
눈도 가슴도 샛별처럼 맑아진다
어릴 때부터 하늘의 별보기를 좋아했다
화성처럼 밝은 눈으로 살고 싶어

1월에 태어난 나는 1자가 행운수다
지구 곳곳에 생겨나는 이변들을 뉴스로 보면서
지구 외부의 별을 그리워하고 있다.

불사조

반듯한 행동으로 정의를 사랑하고
불의를 싫어하던 여자
시기하고 미워하는 적이 있었다
어릴 때부터 신동이라 불렸고
위기에서는 초능력을 발휘했다
거짓말 같은 기적을 몰고 다녔다
악한이 뒤에서 추격해올 때
아기를 업은 채 피투성이로
캄캄한 새벽어둠 속에서
허공을 날아서 순식간에 사라졌다
죽음의 위기에서 기적을 만난 것이 19회
특수한 감각과 영적인 눈으로
미세한 땅속 지진을 보았고
하늘의 변화도 미리 알았다
하늘과 지진이 함께 한다는 것을
4차원 세계를 넘나들면서 본 장면들
세상의 대형사고에서 민초들을 구했다
영적 감각과 특수한 눈으로
세상일을 미리 아는 예언자였다
남들과 다른 그녀를 아둔한 사람들은
이상하다 하면서 손가락질하고 내쫓았다

이름을 지우고 투명인간으로 만들었다
가는 곳마다 다친 사람, 병든 사람 보면
외국 여행지에서도 그가 누구이든 간에
만져서 낫게 해주는 약사여래의 손
운명철학도 하면서 평생을 무후봉사로 살았다
부정부패한 세상이 싫어서
청소년 때부터 염세주의
스스로 포기해 버리려는 생명을
하늘 신이 나타나서 수없이 살려주었다
사고를 당할 때마다 신을 만나는 불사조
죽음을 초월한 불사조라 불렸다
소설 같은 삶이라고 여러 편의
영화 속에 그녀가 있었다
마녀, 카핑 베토벤, 유모는 마법사
때로는 천사의 모습으로
때로는 초능력자 마녀의 모습으로
뇌시티 속 뇌의 구조도 남들과 달랐다
역사 속 위인들 속에서도 같은 모습을 보았다
같은 별자리로 태어나서 운명도 같은 사람들
역사는 수레바퀴처럼 돌고 돈다
하늘이 그런 사람들을 곳곳에 보내서
세상을 지키고 바로잡도록 한다
무수한 고통을 주면서 끝없이 단련시킨 후에
상으로 내린 성자의 삶이었다.

원고 도둑

이런 도둑 저런 도둑 많지만
원고를 훔쳐가는 도둑이 있다
보이스 피싱 도둑
해킹 사이버 도둑
힘들여 만들어놓은 글을 훔쳐가는 도둑
내가 그린 초상화도 컴에서 훔쳐가고
연주한 음악들도 훔쳐간다
속상해 죽을 지경
팔딱팔딱 뛰어 봐도 소용없다

나만 그럴까? 무서운 세상
예전에 황우석 박사는
연구한 자료들을 컴퓨터에 올렸다가
줄기세포 연구를 도둑맞았다
도둑질 해보지 않은 사람은
의심이 없어서 남을 믿는데
도둑은 이 바보야 하면서 빼앗아간다
무슨 무슨 카드가 발급되었습니다
돈이 들어오면 문자도 들어온다

도둑들과의 전쟁
사이버 해킹과 전쟁
마약중독자들과 전쟁
사기꾼들과 전쟁
모르쇠로 일관하는 거짓말 전쟁
가진 것 없는 가난한 사람들은
강추위와 전쟁
무서운 더위와 전쟁
졸음운전 교통사고와 전쟁
무서운 화재들과 전쟁
건물이 흔들리는 지진과의 전쟁
뻥뻥 터지는 화산 폭발과 전쟁
다 떠내려가는 홍수와 전쟁
다리 밑에서 자동차로 수몰 당하는 전쟁
놀러갔다가 난데없이 떼죽음 당하는 전쟁
날마다 생겨나는 온갖 사고들과 전쟁
전쟁으로 싸우는 나라들 전쟁
바야흐로 전쟁 시대다.

까마귀의 노래

온몸이 새까맣고 속까지 검은 까마귀는
세상이 모두 까맣다고 생각했다
이 세상 새들도 모두 까맣다고
새끼들에게 가르쳤다

까마귀 새끼가 어느 날
하늘을 날다가 하얀 새를 보았다
자기들과는 색깔이 다른 새가
너무 신기해서 소리쳤다
 "아빠, 저 새는 우리하고 달라. 하얗다"
 "아냐, 임마. 그건 흰 밀가루를 훔쳐 먹다가
몸에 발랐기 때문이야"
 "으응, 그렇구나"

소나기가 내리는 날
하얀 새가 빗속을 날아가고 있었다
 "어! 전에 본 그 새잖아. 아빠
밀가루가 묻었으면 비에 씻기는데
그래도 하얀데?"

"아냐. 임마. 원래는 까만데
남의 깃털을 훔쳐서 제 몸에 달았기 때문이야"
"으응, 그렇구나"

호기심 많은 새끼 까마귀는
하얀 새가 둥지에서 잠을 잘 때
소리 없이 다가갔다
남의 깃털을 붙였다면 탐나는
흰 깃털을 빼앗아 오려고 잡아당겼다
그러나 새의 깃털은 단단해서 빠지지 않았다

새끼는 아빠 까마귀에게 날아가서 말했다
"붙인 게 아니던데? 아빠"
"에잇! 성가시기는! 아빠가 그렇다고 하면
무조건 그렇게 믿는 거야
너는 의심이 너무 많아서 못 쓰겠어"
"나 아빠 닮았는데???"

까마귀 나라에 하얀 새는 진정 없는 것일까?
불신으로 세상을 살아가는 사람들을 보노라면
종종 그런 생각을 하게 된다.

검은 호랑이해

몇 년 전 검은 호랑이해가 있었다
그 해는 왜 그리도 산불이 많이 나던지
불을 끄려고 애써도 꺼지지 않고 12일간이나
계속 타오르더니 호랑이 모양이라는
대한민국 산을 새까맣게 만들었다
태백산맥 소백산맥 호랑이 등뼈를
까맣게 검은 호랑이로 만들고는 불이 꺼졌다
거대한 자연의 힘을 보면서 두려워졌다

인간보다 강한 자연
자연의 뜻을 거역할 수 없다는 것을
자연은 섭리처럼 온다는 것을
검은 호랑이해에 호랑이 닮은 대한민국 산을
검은 호랑이로 만들고 마는 것을 보면서
위대한(?) 자연을 영혼으로 보았다
자연을 화나게 하지 말자고
자연이 분노하면 무서운 일이 생긴다고.

내가 죽고서 네가 산다면
- 이순신 장군

난세에 영웅이 난다 하였네
임진왜란으로 한반도 조선이
풍전등화처럼 위태로울 때
꺼져가는 조선을 어깨에 지고
분연히 일어선 그대

남다른 지략으로 불철주야 전법을
공부하면서 전쟁준비 하느라
노모가 중병이 들어도 돌아가셨다는
비보를 듣고서도 가보지 못하고
불효를 가슴속 피눈물로 삼킨 그대
슬플 때는 검은 밤바다 혼자서 바라보며
시를 읊어 시름을 달랬네

한산섬 달 밝은 밤에 수루에 홀로 앉아
큰 칼 옆에 차고 깊은 시름 하는 차에
어디서 일성호가는 남의 애를 끊나니

고독한 바다를 지키면서
위기의 조선을 건져내고는
마지막 왜적과의 싸움에서
적이 겨눈 총탄을 맞고 산화한 그대
28전 28승이라는 역사에 없는
신화를 남기고는 초연히
안개처럼 눈을 감았지
하늘에서 큰 별이 유성으로 지던 날

이순신 바다의 신이라 불린 장군
살아서는 모함하는 적이 많았고
궁중의 임금도 장군의 적이었네
몇 번이나 투옥의 고통을 겪고
모진 고문에다 백의종군 강등되어
다시 바다 전쟁터로 내몰렸지
형벌을 마다 않고 묵묵히 십자가 진 그대

왜적과의 싸움에서
살고자 하는 자는 죽을 것이요
죽고자 하는 자는 살 것이다 -
부하들 앞에서 비장한 각오로
소리치던 장군
하늘에 기도하며 약속했었지

전쟁에서 내 목숨을 바치겠노라고
조선을 살려주십사고

눈물겨운 희생과 나라사랑
하늘이 보낸 신의 아들
목숨을 초개처럼 버리면서 가신 후에야
사람들은 장군의 진면목을 알아보았고
후대의 역사가 성스러운 영웅
성웅이라 불렀네

위대한 당신을 부르면서
내가 죽고서 네가 산다면
인류를 위한 휴머니즘과 눈물겨운
나라사랑 생각만 해도 숙연해집니다.

<6월 26일 포항 포은 정몽주 선생 문화제>

맑은 영혼 뜨거운 애국
- 포은 정몽주 선생을 추모하며

고려 공민왕 시절
위인의 출생은 남달랐다네
아버지가 낮잠을 자다가 이상한 태몽을 꾸고
중국 주공周公 영혼을 받아서 태어난 아기
정몽주鄭夢周란 이름을 얻었네

개천에서 용이 나듯 커갈수록 신동의
두뇌로 온갖 재주 겸비한 위인의 표본
24세에 과거에 세 번 급제하여 사람들을
놀라게 하고 詩와 詩畵에도 능한
그에게 불가능은 없었네
바른 정신 높은 학식으로
불철주야 공부한 선비
정쟁政爭에 휘말려 누명쓰고
효시당해 죽은 김득배를 보고는
임금 앞에 나아가 눈물로
죽은 그를 스승이라 칭하면서

손수 시신을 거두어
장사지내 주었던 인도주의자
지방관리의 비행을 근절시키고
의창義倉을 세워 빈민을 구제하면서
어두운 곳에 등불을 켜듯
그의 손이 닿지 않는 곳이 없었네
바른말 하다가 언양으로
일년간 유배 가기도 하였고
명나라에 갔다가 돌아올 때
바다에서 세찬 폭풍우와 풍랑을 만나
떠내려가는 배와 함께 13일간
사투로 기적을 일으키면서 살아났다네
위인은 하늘이 보호하고 위기에서 돕는 이치
타인을 이롭게 하면서
자신은 고달픈 의인義人의 운명

고려를 침범 노략질하는 왜구를
일본사신 자청하여 달려가서
볼모로 잡혀간 수백 명 민초들 구해내고
명나라 사신 꺼리는 대신들 보면서

자청하여 명나라로 달려간 뒤
고려의 가난으로 명나라 세공 곡식
5년간 보내지 못한 미납세 면제받고
즉석에서 세공을 삭감한 공로
한 사람의 혀로 천만인을 이롭게 한
빼어난 외교 능력

부모가 돌아가시자 무덤 옆에 볏집 짓고
삼년상을 두 번씩 치른 효성
모두가 칭송했다네
성자처럼 아름다운 삶을 살다가
꺼져가는 촛불처럼
고려가 기울어지는 마지막 순간에는
거룩한 육신을 제물祭物로 바친 사람
하늘이여 땅이여, 가진 것이 없어
이 몸을 바칩니다

빼어난 인재를 놓치고 싶지 않은
이성계의 미련과 회유책
아들 이방원을 시켜서
'이런들 어떠하리 저런들 어떠하리'
'하여가'로 유혹하는 것을
단호한 '단심가'로 표한 푸른 절개

조선개국을 강요하는 신진 세력들에게
합류하지 않고 나약한 임금 공민왕을 보호한
애국심과 맑은 영혼
적에게 죽임을 당할 것을 미리 알고
피를 상징하는 붉은 옷을 비장하게 입고 나간 예지
죽음을 두려워하지 않는 위대한 영웅정신
선죽교 다리에서 철퇴를 맞고 가셨다네
그때의 붉은 피 다리 난간에 증거로 남아

  까마귀 싸우는 골에 백로야 가지마라
  성난 까마귀 흰 빛을 세올세라
  청강에 고이 씻은 몸을 더럽힐까 하노라

정몽주를 낳은 어머니도 훌륭한 여인
아들에게 정신적 수호신 역할을 한 모전자전

포은 정몽주,
음력 12월 맑은 겨울에 신화처럼 태어나
전설적인 인물로 살다가 전설로 떠난 사람
혼탁한 세상의 귀감입니다
무거운 고통을 형벌처럼 지고 가신 애국자시여
맑은 눈물로 세상의 오욕을 씻어 주소서
고결한 희생정신 엎드려 기립니다

이런들 어떠하리 저런들 어떠하리
만수산 드렁칡이 얽혀진들 어떠하리
우리도 이같이 얽혀져 백년까지 누리리라

이방원이 써서 내미는 하여가에
대한 포은의 답시

　이 몸이 죽고 죽어 일백 번 고쳐 죽어
　백골이 진토 되어 넋이라도 있고 없고
　임 향한 일편단심이야 가실 줄이 있으랴

세월이 흘러도 맑은 정신과 곧은 절개
가슴속에 강물 되어 흐릅니다.

내가 만나고 싶은 위인

영혼의 지기
- 제갈공명

오래 전 옛날부터 꿈을 꾸었다
상상 속의 그는 산 속에 사는
도인道人이었다
흰 모자에 흰 도포를 입고
맑은 산에서 자연을 벗 삼아 밤마다
별자리를 보면서 혼자 공부하는 도인이었다
나는 그를 사랑했고 그를 닮고 싶었다
그처럼 맑은 산을 좋아하고
혼자 있는 고독을 좋아했기에
불가능해 보이진 않았다
나는 왜 일찍부터 제갈공명을 사랑했을까

내가 만나고 싶은 위인偉人
그를 생각하면 삼고초려란 말이 따라온다.
그를 부르면 그림자처럼 나타나는 사람들
유비, 관우, 장비, 조자룡, 여포, 조조,
손권, 손책, 황충, 주유, 노숙, 육손…

관우 장군도 존경하는 인물이지만
그는 자기보다 젊은 군사軍師
제갈공명을 때때로 경계했다
나이 어린 그를 장비와 같이 갈등하다가
빼어난 두뇌와 선견지명 탁월한 재능을
결국은 두 남자도 인정하였다

사후에도 신神이라 불린 두 사람
제갈공명과 관우
신의 세계에서 때로는 적이고 친구였다
백년에 한 번 날까 말까한 하늘이 낸
천재 제갈량을 부르면 라이벌로 선
야망의 사내 오나라의 주유도 보인다

제갈공명을 시험하려고 사흘 만에
화살 십만 개를 만들라 명했다
공명은 이틀이 지나도록 노숙과
술 마시면서 유유자적 하다가
허수아비를 많은 배에 싣고
안개 낀 밤에 조조의 적진으로
노 저어 가서 화살 십만 개를
허수아비가 병사처럼 맞게 해서
단숨에 구해오던 지략이 보이고

적벽대전에서 북서풍이 불던 날
동남풍(역풍)을 부르던 예지도 보인다

그는 위대한 사람이었다.
나는 위대한 그의 생각이 좋았고
예지가 좋았고 재물에 관심 없는
온갖 욕망을 초월한 심성이 좋았다
그를 자주 영혼으로 불렀다
꿈을 꾸면 이루어진다는 말이 있듯이
나는 영혼 속에서 그를 만난다
그의 탁월한 지혜와 해맑은 영혼을 본다

좋은 것은 타인에게 주고
힘겨운 짐을 스스로 지려했던 사람
그것은 위인만이 할 수 있는 깨끗한
정신이요 의지요 행동이었다.

그는 하늘이 보낸 보살 성자였다
마음을 깨끗이 하고 영혼으로 그를 부르면
그는 내게로 와서 예지를 준다
하루하루를 어떻게 살아야 하는지
어떤 것이 국가와 인류를 위한 삶인지를.

춘향이 아름다운 것은

춘향이 아름다운 것은
기생의 딸이면서
어린 나이에 수준 높은 공부를 하여
온갖 것에 해박한 지식을
지녔기 때문이다

춘향이 아름다운 것은
기생의 딸이면서 남자에게
쉽게 꺾이지 않는
고고한 자존심을 지녔기 때문이다
한양으로 떠나가는 님을
붙잡지 않고 눈물로 보내주는
이타심 때문이다

춘향이 아름다운 것은
오로지 단 하나의 사랑에
목숨을 거는 숭고함 때문이다
세월이 흘러도 변함없는 믿음
의지 때문이다

어떤 사랑의 대가도 바라지 않는
헌신 때문이다

춘향이 아름다운 것은
변학도의 유혹을 뿌리칠 줄
아는 진실 때문이다
매를 맞으면서도
무거운 칼을 쓰고서도
죽음을 두려워하지 않고
폭력에도 굴하지 않는
용기 때문이다
탐관오리를 탐관오리라고
말하는 투혼 때문이다

춘향이 갖은 곤욕을 치르면서
하루하루 초개같은
목숨을 불사르고 있을 때
춘향의 진실성을
하늘은 알아보았다

암행어사 이몽룡을
하늘사자 대신으로 보내어
정신이 아름다운 여자
춘향을 살리고 상을 내렸다

너무 쉽게 만나고 헤어지고
온갖 욕망과 권모술수 뒷거래가
난무하는 세상에서
춘향은 이 시대 여성의
영원한 귀감이다

아름다운 여인 춘향이여
광한루 아래 숲속에서
그네 타던 예쁜 모습 그리면서
오늘 그대 영혼 앞에 경배를 올립니다.

(2010년 5월)

경남 밀양시 영남루에서
흰나비혼 아랑낭자를 추모하며

경상도 밀양부사 태수의 외동딸로
태어나 어려서 어머니를 여의고
유모 손에 곱게 자란 아랑 낭자
맑고 순수한 눈빛으로 세상을
의심 없이 바라보았네

눈부신 꽃잎처럼 날이 갈수록 고운 자태
마음씨 곱고 글, 바느질, 손재주도 빼어나
천상의 선녀인 듯 성 안의 보물
尹貞玉 이름처럼 올곧은 마음씨

그 모습 흠모하는 관노 있었네
반상班常의 지위를 무시하고 사랑에
눈먼 사내, 수단방법 가리지 않고
유모에게 접근해서 돈을 건네면서
밤에 아랑낭자 데리고 나오라
구슬렸다네
돈에 혹한 유모, 아랑에게
달구경 가자고 했지

휘영청 높이 뜬 보름달 보려고
좋아하면서 유모 따라 나선 아랑낭자
그것이 생의 마지막인줄 어찌 알았으랴

유모는 슬쩍 자리 피하고
외진 곳에 홀로 남겨진 낭자
갑자기 숲속에서 나타난 관노
사랑 고백하는 남자를 아랑이 크게 꾸짖었네
앙심 품은 사나운 남자 손아귀에서
빠져 나와 달아나면서 필사적으로 항거했지만
야수 같은 힘 앞에서는 바람 앞의 촛불
저항하다 저항하다 아랑낭자
대밭으로 끌려가 무참히 죽임 당했네
목숨처럼 소중한 순결을 지키려고

태수 아버지조차 딸의 억울한 죽음
모르고 상놈과 도망갔다
나쁜 소문만 무성했다네
태수는 스스로 벼슬을 내놓고
마을을 떠났네

순결한 아랑낭자 그 누명을
어찌 참을 수 있었으랴

밤이면 피 흘리는 혼백으로 나타나
신관 사또에게 피맺힌 억울함을
호소하려다가 간담이 작은 부사들
놀라서 까무러쳐 죽고 말았지

한 용감한 의인이 있어
밀양부사 자리를 자청했네
자정이 넘어 나타난 아랑 혼백을 만나
처녀의 가슴속 사무친 억울함을
듣고는 분노했지

그때까지 시침 뚝 떼고
관가에서 일하는 관노를 잡아
포청천 같은 불호령으로
하늘을 대신하여 벌주고 제거했네

아랑낭자 말대로
동헌 마당에 관노들 다 모으도록 한 뒤
흰나비 되어 범인의 머리에 내려앉은
아랑의 혼백 사무친 한恨을 풀던 날
아랑낭자 하늘로 승천했네
아랑의 순결한 넋을 기리고
해마다 정성으로 제사 지내네

영남루 대밭에 봄이면 나타나는 흰나비
순결한 아랑의 넋이라네

남천강 푸른 물처럼
쭉쭉 뻗은 대나무 잎처럼 푸른 절개
슬프지만 아름다운 아랑 전설 되새기면서
그대 영혼 앞에 경배를 올립니다.
                (2010년 5월 27일)

후기

작가가 직접 전산 편집하고 만든 책이다.
이 책에 실린 작품들은 시낭송용으로 만들어진
것이기에 느낌이 수필을 읽는 듯 하겠지만
지루하지 않고 느낌이 산뜻한 수필은 짧은 수필로서
전하는 가치가 있다. 시낭송 시詩나 수필은 내용이
난해하거나 어려운 단어들은 지양하는 것이 좋다.
누구나 귀로 듣고 감동하고 고개를 주억거리면서
서로가 공유하는 것. 삶에 권태를 느끼고 지친
사람들이 모여서 노래로 좋은 세상을 만들기
위한 방편이다.
문학을 자신의 재주와 취미로만 활용하지 않고
선구자적 자세로 공익을 남길 수 있다면
성공한 작가로 불러도 좋을 것이다.
나는 그런 작가이고 싶다.

한겨울 가운데서 태어난 나는,
고난의 강추위와 싸우면서 밤낮을 칠전팔기로
일하면서 책을 만들어 내었다.
열 번째로 내 책 시집을 세상에 내보낸다.

2024년 1월에
하정 현옥 (하늘새)

▲ 감사패(부산광역시 시설관리공단)

▲ 국사편찬위원회 발행 연감들. 하현옥 문화계 인물 수록

하현옥 약력

수필가·소설가·시인·시낭송가·행위예술가.
1948년 12월 13일 경남 진양군 일반성면 진양하씨 집성촌 출생.
초등학교 때부터 백일장에서 수상 경력. 부산여중 때 방송·신문에 작품이 실림.
30대 신문에 투고하는 수필마다 수록되었고 방송 수상.
1987년부터 3년간 백일장 참가 수필 15회 장원 차상 등 수상.
1990년 「월간에세이」 2회 천료. 수필가.
2003년 「한국문인」 소설 등단 소설가.
2006년 대전엑스포 전국창작육성시낭송대회 금상 수상.
2007년 알로이시오 신부님 전기 씀 (송도 알로이시오 학원).
2010년 부산불교문인협회 소설부문 실상문학상 받음.
부산문인협회·부산수필문인협회·부산불교문인협회·사하문인회·
한국문인협회·한국수필가협회·국제펜클럽 한국본부 회원 역임.
국사편찬위원회 발행 <한국을 움직여온 대한민국 현대인물사> 문화계 인물 수록
(1998년)·20세기공훈사 발행 <20세기공훈인사총람> 인물편 수록(1999년)·
국가상훈편찬위원회 <현대사의 주역들> 인물편 수록 (2009년)·한국민족정신
진흥회 <현대 한국인물사> 수록 (2013년)·연합뉴스 인물 수록 (2010년).
숙명여자대학교 발행 <한국여성문인사전> 수록 (2006년).
한국문화예술진흥원 일천만원 창작지원금 받음(2001년)『인동초를 아시나요』
『꿈꾸는 여자』 전국 국립도서관에 선정도서로 비치됨.
2005년 오마이뉴스 기자 역임·2006년 미국한인신문 코리아웹 6개월 작품 연재함.
여러 월간지·문예지 20년간 전문 편집장 역임·백일장 심사위원 역임.
오랜 세월 동안 꿈속에서 미래를 보는 예언자. 신문 잡지 기자·전문 모니터.
저서 수필집 『겨울 해바라기』『유랑의 강』『꿈꾸는 여자』『가을편지』
『너의 사랑이 통했어』·소설집 『환상의 꽃』『인동초를 아시나요』
『애국자의 혼』『푸른 여자』·시집 『환상무도회』 상재.
장편수필 <가을편지> 서울 창작수필에 3년간 연재함.
대하장편소설 <미완성 교향곡> 부산 문예시대에 4년간 연재함.

河淨 현옥 자작시 낭송집

환상무도회

초판1쇄 발행   2024년 2월 29일

지 은 이   하현옥
펴 낸 이   이길안
펴 낸 곳   세종출판사

주소   부산광역시 중구 흑교로 71번길 12 (보수동2가)
전화   051-463-5898, 253-2213~5
팩스   051-248-4880
전자우편   sjpl5898@daum.net
출판등록   제02-01-96
ISBN   979-11-5979-661-6   03810

정가 13,000원

이 책은 저작권법에 따라 보호받는 저작물이므로 무단전재와 무단복제를
금지하며, 이 책 내용의 전부 또는 일부 내용을 재사용하려면 사전에
저작권자와 세종출판사의 동의를 받아야 합니다.

* 잘못된 책은 교환해 드립니다.